故事馆。
GRACE

对于恩典，我们需要的不只是知识，还有故事。

# 得分！
## 上帝的豪小子

LINSPIRED: THE JEREMY LIN STORY

他的谦逊和勇气，
深刻的信仰与信念，
已经成为激厉全世界的一个礼物。

[美] 麦克·约基（Mike Yorkey）、
杰西·弗雷亚（Jesse Florea）/ 著
徐成德 / 译

## 图书在版编目（CIP）数据

得分！上帝的豪小子/（美）约基，（美）弗雷亚 合著，徐成德译
-- 北京：中央编译出版社，2013.5
书名原文：Linspired: the Jeremy Lin story
ISBN 978-7-5117-1613-2

Ⅰ.①得… Ⅱ.①约…②徐… Ⅲ.①林书豪-传记
Ⅳ.①K837.125.47

中国版本图书馆CIP数据核字（2013）第043339号

## 得分！上帝的豪小子
## Linspired: the Jeremy Lin Story

| | |
|---|---|
| 作　者 / | [美]迈克·约基（Mike Yorkey）、杰西·弗雷亚（Jesse Florea） |
| 译　者 / | 徐成德 |
| 特约编辑 / | 蔡　琳 |
| 责任编辑 / | 贾宇琰　杜永明 |
| 美术设计 / | 小　雨 |
| 绘　图 / | 叶昂鹰 |

出版发行 / 中央编译出版社
　　地址：北京市西城区车公庄大街乙5号鸿儒大厦B座（100044）
　　电话：010-52612345（总编室）　010-52612341（编辑室）
　　　　　010-66161011（团购部）　010-52612332（网络销售）
　　　　　010-66130345（发行部）　010-66509618（读者服务部）
　　网址：www.cctpbook.com

| | |
|---|---|
| 经　销 / | 全国新华书店 |
| 印　刷 / | 北京昊天国彩印刷有限公司 |
| 开　本 / | 16 |
| 印　张 / | 10.5 |
| 字　数 / | 118千字 |
| 版　次 / | 2013年5月第一版 |
| 印　次 / | 2013年5月第一次 |
| 定　价 / | 38.00 |

中文繁体字版《得分！上帝的豪小子》，（美）迈克·约基，杰西·弗雷亚 合著，徐成德 译，台湾台北：校园，2012年7月初版

英文原著：Linspired: the Jeremy Lin Story by Mike Yorkey and Jesse Florea. Originally published in the U.S.A.under the title:Linspired: The Jeremy Lin Story. Translated and published by permission of Zondervan,Grand Rapids,Michigan. U.S.A.,2012.www.zondervan.com

中文简体字版经©2013CEF校园书房出版社授权中央编译出版社在中国大陆地区出版

版权所有，侵权必究。
凡有印装质量问题，本社负责调换。请致电：010-66509618

# In Jesus' Name I Play!

TO

FROM

Linsanity 17
7代表上帝，1代表了我，上帝与我同在。

故事馆。
GRACE

对于恩典，我们需要的不只是知识，还有故事。

每一个人物，都是一次恩典的相遇；
每一则故事，都能开启生命的契机；
每一张照片，都铭刻着智慧的轨迹；
每一幅图画，都要捕捉跃动的心跳；
每一段回忆，都鼓动了活着的勇气；
每一句话语，都让温柔流进这世界
每一个动作，都呼唤着永恒的旋律。

# CONTENTS

## 目录

推荐序　上帝手中的第一名 / 刘晓亭 /006

**01**　全美国都卷入"林来疯"！/010

**02**　麦迪逊广场花园的奇迹 /018

**03**　亚裔移民的美国梦 /026

**04**　篮框下的信心 /032

**05**　奇迹般地长高 /040

**06**　篮球小子进哈佛 /048

**07**　欢迎观赏林书豪秀 /054

**08**　五花八门的绰号 /062

**09**　没人选，没人要 /070

**10**　菜鸟的忧郁 /080

**11** NBA的诱惑与试探 /088

**12** 停摆，闭门苦练 /094

**13** 来来来，去纽约 /102

**14** 从沙发客到球场明星 /110

**15** "林"氏造句法 /118

**16** 明星赛来袭 /128

**17** 亚洲热 /134

**18** 为林书豪祷告 /142

林书豪小档案 /148

林书豪的NBA篮球路 /149

"林来疯"的七连胜 /150

NBA球队一览表 /151

篮球小辞典 /152

附注 /154

# 上帝手中的第一名

/ 刘晓亭

看过NBA的人都知道迈克尔·乔丹，他的Nike篮球鞋到现在还在卖（30代了），所以我那个年代的球星都想成为乔丹，可惜，没有人是下一个乔丹。

但是，没有乔丹的NBA还是好看，西区有湖人队的科比·布莱恩特（Kobe Bryant），东区有勒布朗·詹姆斯（LeBron James），并且新兴的年轻球员成长速度飞快，包括公牛队的德里克·罗斯（Derrick Rose），雷霆队的拉塞尔·威斯布鲁克（Russell Westbrook）。偶像级球星快速窜起，像联盟得分王雷霆队的凯文·杜兰特（Kevin Dirant），还有快船队的灌篮狂人布雷克·格里芬（Blake Griffin），几乎你喜欢的类型都找得到。

这里面虽然没有乔丹接班人，却有一箩筐好手，他们有没有乔丹厉害？不重要，因为现在是年轻人的时代。我们看过乔丹了，也看过科比了，我们要看新人，他不是乔丹没关系，只要他有料可看。

就这样，林书豪闪电般窜起！

NBA高手如云，他会红，学问可不小；但是，可以进入《时代》杂志百大人物，这学问说的就不只是篮球而已了。只谈篮球，他哪够格跟上述明星并列呀？他当年选秀第467名，不是整个NBA排名喔，而是当年的新秀排名，根本就排到月球去了。但是，他的努力与上帝的帮助使他扭转劣势，当年的第467名一跃成为NBA有史以来"遗珠之憾"第一名。

这就是林书豪会红的原因之一，他鼓舞了成千上万"等待机会"的人。

请注意，林书豪绝不是走了"狗屎运"，在篮球王国可以红绝非侥幸。在他崭露头角首度对阵湖人队的赛前，记者采访"NBA天下第一人"科比，科比轻描淡写地说："不知道他是谁。"赛后记者又很故意地问："要不要给后辈一点儿建议？"输球的科比很郁闷地说："他得了快40分，我还给他建议？"

不只这样，当林书豪暴红以后，还是有很多人说他虚有其名，这时科比跳出来说："篮球不是运气，是长时间培养的技巧，看不出林书豪的实力，这些球探跟经理应该有人辞职。"这句话为第467名平反了。

除了排名，还包括他是哈佛毕业生。

他也是会拉小提琴的NBA球员。

他还是虔诚基督徒的NBA球员。

他更是有礼貌的NBA球员。

最重要的是，他是少数亚裔的NBA球员。跟满街黑人相比，他速度慢，跳不高；但是，他用智慧弥补了这些先天缺憾。

这就是篮球以外的东西！

别人的看法，暂时的落后，不利的环境都不会把人打倒，因为上帝创造了每个人，也会带领每个人开拓前路。

如果你跟林书豪一样，真心喜欢篮球，不是为争第

一．真心相信你是上帝创造的，也是上帝的宝贝，把结果交给上帝，然后尽全力去做，这样的人生，何必计较排名？好好做、全心做自己喜欢的有意义的事，不是很好？如果自己要"摆烂"（台湾话，意思是：放任不管，任其自生自灭。），就算排第一也枉然啊！

# 全美国都卷入"林来疯"!

## Chapter 01

**豪小子语录**

我必须真正了解,
我不是为球迷打球,
不是为家人打球,
甚至不是为我自己打球,
我必须要为上帝的荣耀打球。

7，6，5，4……

只要玩过篮球的孩子，都梦想有一天能投进终场压哨致胜的一球。林书豪成长期间，在加州自家车库门前练习运球时，脑海里充满着篮球赛事的光荣画面。他花好几个小时练习投篮，从倒数10秒想象在终场哨音响起前把球投出。有时候球"唰"地一声漂亮入网，有时候却很可惜地从篮框弹了出来。

这时候，林书豪会把球捡起来，重新站在投篮位置，再次开始倒数。他的球队一定要赢。

7，6，5，4……

林书豪再多的练习与梦想，也绝对想象不到2012年2月14日那天发生的事。

透过只能说是上帝安排的一连串不寻常事件，23岁的他，要上场替纽约尼克斯队首发。几个礼拜前，他还在担心自己会被两年内换的第三个球队炒鱿鱼。现在，在与多伦多猛龙队（Toronto Raptors）的对决中，他在中场附近拿着球，时间只剩最后18秒。

"87平手，球在林书豪手上。"球赛评论员说道。"加拿大航空中心体育馆"（Air Canada Centre）的观众都激动地站了起来。林书豪替尼克斯队追平了17分的差距，没多久前，一个拉杆挺腰突破上篮并进算加罚，将比数追到87比87平手。

还剩下5秒钟，林书豪面对着猛龙队的控球后卫卡尔德隆（Jose Calderon），胯下运球后，在距离篮网7米多的地方，投出大号三分球。

3，2……

"LIN FOR THE WIIIIN！"球赛评论员不禁大喊。"球进了！"

球"唰"地应声进网，全场观众爆出欢呼声，尼克斯队以90比87赢得胜利。林书豪在球场上跳跃倒走，昂然点头，尼克斯队球员从板凳全冲向前，与他击掌互撞。林书豪的这一球奠定了尼克斯队六连胜战绩，并且让全世界的"林来疯"更为疯狂。

赛后尼克斯队教练德安东尼（Mike D'Antoni）对媒体开玩笑地说道："我很高兴比赛打成这样，这一来就可以让'林来疯'稍微平息静一点。"①

这虽然是尼克斯队的客场比赛，观众的反应却让人以为是身在纽约主场的麦迪逊广场花园。主队猛龙输了球赛，但是观众却起立欢呼，替客队这位职篮新星加油。林书豪当晚拿下27分（其中有12分在第四节拿下），11次助攻。多伦多的球迷就像世界各地的其他球迷一样，一同卷入这位奋战、全力以赴、坚信上帝的球员所造成的兴奋浪潮中。

■2012年2月14日，林书豪的远距离跳投，扭转局势，尼克斯队以90比87赢猛龙队之后，他欣喜地指向天。他的手腕圈上写着In Jesus' Name I Play（我奉耶稣的名打球）。

但是有些人没有注意到，当晚打到平手，只剩下24秒，球在尼克斯队手上的时候，德安东尼教练并没有喊暂停。NBA的惯例是在此时喊暂停，布置战术，并且让主力的球员上场。但是教练让林书豪控球，把结果交在他的手里。

德安东尼教练于赛后记者会上说："他打得十分出色，不用叫暂停。有个优秀的控球后卫，教练就轻松多了。他够聪明，我也对他有信心。"②

教练不是在讲小甜瓜安东尼（Carmelo Anthony），那位在尼克斯队最能化解危机的明星球员，他当晚因为受伤没有上场。教练也不是在说一名身经百战、在紧要关头能够作出决定的老手。他更不是在讲名列选秀前5名，从中学开始就注定会成为篮球巨星的那种球员。他是在形容**高中**时代身高160厘米，没有被任何NBA球队选中，才第五次作为首发的林书豪。

很显然，"林来疯"不仅席卷了全世界，更震慑了他的教练。

2012年2月初，林书豪还是在"垃圾时间"（译注：战局已定，胜败双方派候补球员上场）最后上场的球员；然而到了2月14日情人节那天，他运球穿越5名洛杉矶湖人队（Los Angeles Lakers）球员的照片已经登上了《运动画刊》（Sports Illustrated）的封面。ESPN球评员用尽各种形容词来夸赞他，他的"17"号球衣也跃居NBA畅销商品冠军。

他被称作"林神奇"（Lincredible），是解决美职篮问题的一帖"万'林'（灵）丹"（Liniment）。他从默默无闻到名满天下，甚至跻身至流行偶像的地位，速度之快超过场边传球快攻!

虽然没有人说林书豪就是下一个明星球员纳什（Steve Nash）、韦斯特（Jerry West），或是魔术师约翰逊（Magic Johnson），但是他跻身美职篮名单上，仍有几点值得注意：

1. 林书豪191厘米的身高并不算什么。职篮选手多数爆发力强，身材壮硕。
2. 他毕业于常春藤名校哈佛大学；在此以前，有哈佛学生进NBA是1953年。
3. 他是第一位加入NBA的亚裔美籍人士。

■ 纽约尼克斯队的17号球衣成为NBA最热卖商品，林书豪吸引了全球运动商品公司的关注。

他的独特故事，不论是亚裔背景、名校出身，还是没有被选录的情况，都引起了全世界的注目。但林书豪不止于此。他的信仰深厚，为人谦虚有礼，而且努力勤奋。虽然年轻，却知道上帝对他的生命有个目的，不论那目的是什么。

林书豪向来先以基督徒自居，第二才是篮球选手。在这段狂放的、令人难以置信的篮球旅程上，他一直都信靠上帝。

他在新手赛季的时候曾经说："我不知道结果会怎样，但我确实知道上帝目前呼召我在NBA站立，这是祂交给我的任务。若非如此，我今天不会在这里。当我回想过去，（进入NBA）真是个神迹，一路都可以看到上帝的带领。"

在这几场首发比赛中，当然是上帝的手在引导他。这位年轻的控球后卫取得了他儿时心目中的英雄迈克尔·乔丹都无法夸口的优秀成绩。

# Good to Know

## "林来疯"(Linsanity)的所有权属谁?

2012年2月13日,林书豪向"美国专利商标局"申请Linsanity("林来疯")这个用词的拥有权。他是在一名35岁的加州男子申请Linsanity商标的6天之后才呈递文件的。

他虽然不是第一位申请人,但是位于华盛顿的一间律师事务所的合伙人盖瑞·克鲁格曼(Gary Krugman)说,林书豪的申请应该会胜出。

他说:"任何人无法提出商标与个人或机构的正确关联,就无法登记该商标。我认为林书豪能够以Linsanity独特无误的立场,反驳他人的申请。"③

若是诸位看到附近的运动商品店,出售印有Linsanity的袋子、杯子、T恤或是其他产品,不必太意外。

# Think & Act

**Q1** 你或你身边的人也跟着"林来疯"吗?为什么?

**Q2** 2012年2月14日为何是林书豪的转折点?你的生命中有过这样的时刻吗?

# 麦迪逊广场花园的奇迹

## 02

**豪小子语录**

这是上帝的奇迹，
上帝的带领处处可见，我无法掌控。
你可以说是巧合，
但如果巧合发生二三十次，
而且都在"对"的时刻，
只能说这是神迹。

迈克尔·乔丹、魔术师约翰逊、小皇帝詹姆斯、德国战车诺威斯基、得分王杜兰特、小飞侠科比，有什么共通点？答案就是：他们没有一个人在NBA前5场的首发比赛中，得分或助功的纪录比林书豪还多。

其实，NBA有史以来（NBA与ABA在1976年合并后的统计数字），没有球员在担任首发的前5场最高比赛纪录中，每次至少拿下20分，并且取得7次助攻。林书豪的得分能力也创下NBA的纪录：以136分改写侠客奥尼尔（Shaquille O'Neal）所保持的前5场首发共得129分的联盟纪录。

短短一星期内，在停摆而缩短的赛季中的几场球赛中，林书豪从板凳球员变成纽约市的热门话题，是尼克斯队得分最多、组织进攻的核心球员，同时也成为队友的精神领袖。

在哈德逊河以西，平时散乱无章的媒本世界里，林书豪成了共同的焦点话题，也让从不打烊的社交网络世界变得更加沸腾。每个人都在谈论林书豪：从运动谈话节目、博客、电视节目，甚至那些晚间脱口秀节目主持人及搞笑节目，一个都没放过。如果想要找出有多少透过智能手机、笔记本，以及电脑所汇聚成的网上留言、搜索、聊天的热潮，你的头脑得要转动得比林书豪转身上篮更快。

"林来疯"火速蔓延的理由很简单：大家都喜欢小人物变大英雄的故事，而林书豪令人难以想象的历程，拥有好莱坞童话故事的所有元素。

首位加入NBA的亚裔美籍人士。
哈佛毕业生。
被两个球队释出，在纽约坐冷板凳。

就连他比赛前一晚在队友兰德里·菲尔兹（Landry Fields）住处睡过的沙发，也成了传奇。人们想象着那可怜的家伙窝在队友家的客厅沙发上，"因为客店里没有地方"。

比林书豪的个人统计数字更重要的是，尼克斯队开始赢球了。林书豪没有被指派上场的时候，尼克斯队已经输了13场比赛中的11场，以8胜15败的战绩在大西洋赛区垫底。明星球员小甜瓜安东尼因受伤只能在一旁观战，得分能力强的前锋斯塔德迈尔（Amar'e Stoudemire）因为哥哥过世，回家奔丧，连教练德安东尼的饭碗也岌岌可危，因为纽约尼克斯队的表现一直不如预期（德安东尼后来也的确于2012年3月14日下台）。

但是，2012年2月4日与新泽西网队（New Jersey Nets）的比赛，"小甜瓜"安东尼建议教练让林书豪打下半场，反正已经到了这步田地。"小甜瓜"练习的时候与

■ 2012年2月19日，尼克斯队出战达拉斯小牛队，林书豪个人夺下28分，打败了拿到上届冠军的强劲队伍。林书豪发出欢庆的振臂怒吼。

# 得分!
## 上帝的豪小子

LINSPIRED:
THE JEREMY LIN
STORY

022

林书豪与队友费尔兹在球员休息室阅读2月27日以林书豪作为封面人物的《时代》杂志。《时代》杂志以斗大的"LINSANITY"为标题,称赞他为自1976年后,难得一见的篮坛新星。

林书豪对阵过,颇欣赏林书豪的胆识与拼命态度。林书豪当晚充分把握机会,拿下25分,带领尼克斯队奋起直追,以99比92赢得比赛。接下来的12场比赛,尼克斯队9胜3败,把总成绩拉回18胜18败,重新获得进入季后赛的机会。

波士顿凯尔特人队(Boston Celtics)的明星球员凯文·加内特(Kevin Garnett)说:"林书豪已经征服了全世界,太炫了。人们总是喜欢看到有人在自己喜欢的事情上有成就。林书豪打球充满热情,不仅把活力带给了纽约市,也带给了球队。"①

■ 林书豪和高尔夫球后曾雅妮,两人皆当选为2012年《时代》杂志全球百大人物。两人在出席盛宴红地毯上初次相逢,互相握手问好,共影留念。

当林书豪扑向地板抢球，往往比他凭借高大强壮的身体带球进攻，甚至朝队友大吼再加把劲儿，更加显出他的热忱。

有时候，林书豪对比赛的狂热也造成一些问题。他不仅是NBA有史以来在头5场首发比赛得分最多的球员，他的失误也创新高，每场平均5次，这可不是控球后卫值得自豪的纪录。

当然，失误有不同类型。有些选手传球太弱，或是因打球没信心而失误。林书豪的失误多半是积极上篮，或是想要把球从后场传给前场篮下的队友所造成的。教练比较容易接受这类失误。再说，林书豪的积极球风与优秀的球场判断能力，常常使得队友能找到空档投出三分球，或是大力灌篮。

"他为自己跟队友制造了机会。"名人堂控球后卫魔术师约翰逊谈到林书豪时说，"尼克斯队重新找回了他们的球迷，因为他们现在是个很high的球队。"[2]

因林书豪上场而受惠最多的球员，应该是加入美职篮第五年的诺瓦克（Steve Novak）。他跟林书豪一样，2月以前上场时间不多，但是这名优秀的三分球射手立刻与刁钻犀利的控球后卫搭上线。诺瓦克自己无法制造空档投篮，现在有林书豪的突入内线上篮，打乱对方的防线，因此诺瓦克常常发现自己无人看守，等着接林书豪传来的球。自从林书豪开始上场，诺瓦克三分球的命中率拉高接近五成，每场平均得12分（远超过他美职篮生涯的平均3.6分）。

林书豪激起纽约尼克斯队的活力，自己的篮球梦想也重新再起，成为2012年赛季热门的励志故事。当然，若是他的父母没有来美国追逐梦想，这一切也就不可能发生了。

## GOOD to KNOW

### 双重殊荣＋外一章

当林书豪的照片在2012年2月20日登上《运动画刊》的封面时，他一定高兴极了。但在一周后，他应该更加飘飘然，因为2月27日，他的照片同时荣登美国《运动画刊》与《时代》杂志两大杂志的封面。连续两周登上《运动画刊》封面，让林书豪成为继乔丹与诺威茨基之后，第三位获此殊荣的NBA球员。

"New!" 2012年4月，《时代》杂志公布2012年全球百大人物，林书豪名列百人之首。美国教育部长邓肯（Arne Duncan）说道："林书豪的故事对全世界的孩子来说，是最佳典范，因为它揭穿并除去了诸多的偏见和刻板印象……无论你是华裔还是美籍，也无论你是白人还是黑人，只要有足够努力，然后抓住机会，属于你的时刻总会到来。"

## THINK & ACT

**Q1** 在"林来疯"之前，林书豪遇到哪些困境，一般人对他有何评价？

**Q2** 林书豪对篮球的热情帮助他冲破逆境，在你的生命中，哪些事情会让你有热情呢？

# 亚裔移民的美国梦

## Chapter 03

**豪小子语录**

父母亲对我最大的影响，就是教我要先敬畏上帝，将一切荣耀归给上帝。

林书豪的故事开始于一个特别的时空：20世纪40年代末期战乱的中国。内战分裂了这个世界上人口最多的国家。蒋介石率领的国民党军队与共产党领袖毛泽东率领的解放军，为争夺中国的统治权而发生内战。当时在中国，民不聊生，只有少数精英分子过着优渥舒适的生活。1949年，经过3年的浴血战争，共产党获得胜利，蒋介石与两百多万人撤退到台湾这座岛屿上。这些难民中也包括林书豪的外公与外婆。

林书豪的母亲吴信信女士出生于台湾，她的母亲（林书豪的外祖母）是台湾早期杰出的女医生。20世纪70年代，有些美国医生到台湾研究台湾医疗的进展，吴信信的母亲于是开始与美国医疗界有了接触，也有了"移民到美国，追这更好生活"的念头。1978年，就在吴信信高中毕业那一年，举家移民美国。

吴信信努力学英文，申请进入弗吉尼亚州诺福克市的欧道明大学（Old Dominion University）就读，主修计算机科学，这是未来前景一片看好的专业。专家们认为20世纪80年代将爆发一场计算机革命，因为"个人电脑"的发明即将席卷每个美国家庭。

欧道明大学没有太多亚洲人（也没有什么第二代亚裔美籍人），于是十几个说中文的学生形成一个亚裔社团，一同交谊。其中有名英俊的年轻研究生也来自台湾，名叫林继明，在美国攻读信息工程博士。他的祖先早在19世纪就已经定居于台湾。

林继明与吴信信因文化语言背景相同，就熟络起来，进而

约会,也很快擦出爱情的火花。当林继明告诉吴信信,希望转往印第安纳州西拉法叶市的普渡大学(Purdue University)完成博士学位,当下吴信信也决定转往普渡大学,继续修读计算机科学的学士学位。

在普渡大学读书的时候,吴信信接触到教会的团契,第一次听到福音。出于对耶稣基督是谁的好奇,吴信信进一步探究并认识了这位宇宙的主宰,以及祂如何来到世上为她的罪而死,她作了接受基督赦罪恩典的祷告,决定跟随祂。当她告诉林继明自己作的决定,林继明也好奇地检视这个基督教信仰,不久也同样成为基督徒。两人很快地一起加入一间华语教会,踏上与基督同行的道路。

他们在求学期间就已先成婚,两人都很喜欢美国的生活,也同样追逐着千百万人心目中的美国梦。他们刻苦耐劳,生活节俭。两人会在周末时到附近的水塘钓鱼。林继明喜欢钓鱼,技术也不错,经常钓到限制数量内的各种鱼类(译注:在美国钓鱼,钓到后可带走的数量有限制),像是翻车鱼、鲱鱼、鲈鱼等,一部分作为当天的晚餐,其余的则放入冷冻库,可以整整吃上一个星期。

一天晚上,林继明想要看电视放松一下,无意间看到一场NBA篮球赛的转播,这是湖人队与凯尔特人队在80年代的一场精彩决赛。魔术师约翰逊与大鸟拉里·伯德(Larry Bird)在波士顿花园球场上那些出神入化的动作,让林继明为之着迷。这些超乎常人的球员,超强的运动能力,不只让人感觉球场变小了,也彻底征服了林继明。之后,他只要一有机会就看NBA,只是学业与打工占去了不少空闲时间,看球的机会并不多。

**等等!** 有种新科技走进那时候的家庭,叫作VHS录

■ Linsanity("林来疯")刮起旋风之后,台湾球迷聚在台北的运动酒吧,观赏林书豪与纽约尼克斯队出战的比赛。很多美国人不知道林书豪在亚洲文化圈是多么受欢迎,台湾人已把林书豪当作自家人。

像机。这在当时算是相当先进的电器用品,可以把电视节目录下。于是,电视节目和运动比赛,都可以在有空的时间重新播放,而看的人若是喜欢,也可以一再播放。录像机的来临,彻底改变了林继明以及千百万美国人在80年代看电视的习惯。

林继明开始录下NBA的比赛。他喜欢看贾巴尔(Kareem Abdul Jabbar)优美的"天勾"(skyhook),J博士朱利叶斯·欧文(Julius Erving)那看似无视地心引力的灌篮,还有魔术师约翰逊发动穿针引线的快攻。林继明成了不折不扣的篮球迷。他以攻读博士的奋力精神研究那些录像带。他无法向朋友解释为什么热爱看篮球。他就是喜欢。

林继明也开始自己练习打篮球,在附近的球场自学运球、投篮。他很害羞,不好意思加入什么篮球队,但偶尔会打一场临时凑成的比赛。他爱在球场上挥洒汗水,篮球成了他最喜欢的一项运动。

林继明与吴信信在普渡大学完成学业后,搬到了洛杉矶。林继明在一家研发微芯片的公司上班,吴信信则加入了妈妈的行列,生下了他们的第一个儿子林书雅(Joshua)。两年后,1988年8月23日,当小飞侠科比来到世界10年后,林书豪(Jeremy)出生了。当然,这个孩子早早就抱着一只篮球了。

# GOOD to KNOW

## 台湾的"林氏旋风"

台湾与中国大陆相隔220多公里。台湾虽然只有马里兰州与德拉瓦州加起来那么大,却有2300万人住在这个宝岛(是两个州人口总和的4倍)。

林书豪的父母都出生于台湾,所以"林来疯"比起美国毫不逊色。有时候,林书豪的照片同时出现在台湾四大报的头版。学校与公园的球场也因此快速整修,因为有许多孩子也陷入篮球狂热中。南山高中甚至暂时停课,让4000名学生收看卫星电视转播。他们拿着红色扩音筒,随着林书豪在球场的飞奔又叫又跳。

王继光校长说:"学生请求我,所以我答应试一次看看。"①

不过比赛结束后,学生又回到书堆之中。台湾的学生可是很认真读书的。

# THINK & ACT

**Q1** 林书豪的家庭带给他哪些影响?

**Q2** 上帝会透过家庭和环境塑造一个人,你的背景带给你什么影响呢?

# 篮框下的信心

## Chapter 04

豪小子
语录

不一定是篮球,
只要有梦想,就勇敢去追。
发自内心的喜欢,
才有足够的热情与动力前进。

**20**世纪90年代初期，科技重镇硅谷区吸引了林书豪的父母迁往北加州。林继明开始发挥他在设计电脑芯片上的专业特长，而吴信信则在生完老三林书伟（Joseph）后也重返职场，负责产品的质量管理，确保新的电脑程序上市时没有问题。

林家定居于帕洛阿尔托市（Palo Alto），这是个邻近斯坦福大学外缘的6万人社区。林继明想把他最喜欢的篮球教给3个儿子，于是在当地的YMCA申请会员。老大林书雅5岁的时候，林继明就把自己在录像带上学来的基本篮球知识——传球、运球、投球练习，示范给他看。林书豪上了幼儿园，或是林书伟到了相同年龄时，都接受了同样的练习。

林书豪小学一年级时，父母让他参加少年篮球社团。但是他在那个年纪，对打篮球还没有太大的兴趣。他像玩"乐乐棒球"的孩子一样，躺在野外草地上，看天空云彩，毫不理会下一个对手是谁，他大部分时间只是站在球场里吸吮手指，看着球在地板上起起落落。妈妈因为没办法诱导他再加把劲儿，也就不再来看球了。

待林书豪年纪稍长，才开始对打篮球感兴趣，特别是长到够高，球可以投进篮框漂亮入网的时候。一球又一球投进篮框的同时，他整个人也被篮球"框"住了。他请妈妈再回来看他打球，但是吴信信要确认他是否真正有决心打球，才会回去。

他承诺说："你来看，我会打球，而且我会得分。"

他的得分还真不少。有时候,他会在少年篮球联盟比赛规则下,拿下最高的个人得分。

在他读小学的时候,他的父母常定时带他们兄弟三人到体育馆打篮球。他们也让林书豪参加足球队,但只有篮球才是他的最爱。

学校作业越来越多,所以林家三兄弟必须先写作业,等爸爸回家吃完晚饭,然后8点钟的时候,大家一起到YMCA,花90分钟投篮或报队比赛。林继明还是强调基础的重要,他希望林家兄弟的基本动作能够扎实流畅。

随着林书豪在球技上的进步,他对篮球就更加爱不释手了。很多晚上,他们一家人练球或打球,甚至到YMCA在9点45分关门时才离开。

篮球固然是林家最喜欢的运动,但是他们绝不会为了篮球而牺牲学业与教会生活。林家父母知道学业的重要,因为他们亲身体验了教育如何带给他们更好的生活;而教会对他们更是重要,因为他们知道与耶稣基督的关系对他们的意义,以及对孩子的生命有益处。

林家无论搬到哪里,都会热切地寻找华人教会。当他们搬到帕洛阿尔托市,便立刻喜欢上这间教会——山景城基督徒会堂(the Chinese church in Christ in nearby Mountain View)。这个聚会处实际上是两个教会,星期天早上在不同的会堂分别举行华语与英语聚会(前者人数较多)。

▌在这场高中球赛,林书豪一个箭步,带球抄过对方一名防守队员。高三那年,林书豪带领帕洛阿尔托高中拿到全加州锦标赛冠军。

华语聚会的大量需求，反映了旧金山湾区的人口结构，当地是亚裔美籍人最密集的地方。在美国的一次人口调查中，显示住在帕洛阿尔托市的居民，有27%是亚裔美籍人，也就是在种族上自称为华裔、菲裔、韩裔、日裔或越裔的美国人。邻近的库比蒂诺城（Cupertino）有相当大的华裔美籍人社区（占24%的人口），其他一些城镇例如米尔布雷（Millbrae）、福斯特市（Foster City）、皮德蒙（Piedmont）和奥尔巴尼（Albany）等，则有10%或更多的来自中国台湾的华裔美籍人。

　　"基督救赎主圣经团契"的华人教会牧师陈光耀（Stephen Chen），还记得2001年第一次见到林书豪的景象，当时陈牧师23岁，担任教会的青少年辅导。

　　他说："我第一次见到书豪，他才13岁。那天是教会的大扫除，书豪跟他的朋友跑来跑去喧闹。我责备他说：'喂，我们在清扫，你们却把东西弄得更乱。'"那时林书豪觉得自己被骂，就回家跟爸妈说，他再也不想去那间教会，因为辅导对他很凶。但是爸妈没有跟他同一阵线，那件事也就平息了。

　　陈牧师当时想要推动青少年工作，他发现林书豪与哥哥林书雅热爱篮球，那时林书雅已经开始打校队，而中学生的林书豪更是把篮球当作自己的生命。

　　"在那以前，我根本没碰过篮球，"陈牧师说，"但是我想要跟林家兄弟有个交集点，所以就跟他们作了交易：我带他们查经，他们教我打篮球。"

　　两兄弟欣然同意。青少年聚会结束后，他们去附近的篮球场，林氏两兄弟教陈牧师如何带球上篮，正确投篮，卡位抢篮板。然后，他们把团契的青少年找来，分成两队比赛。

"书豪在球赛战况最紧急的时候，也会把球传给我，"陈牧师说，"他不怕输球。如果我们真的输了，书雅会难过，反而书豪会去安慰他。他那么年轻，就有这种度量，而且非常想要和不同类型的人相处。他是个天生的领袖，孩子们都听他的话。"

在进高中之前，林书豪决定受洗，公开表明自己相信耶稣基督是他的救主。山景城基督徒会堂里面有个受洗池，林书豪就在某个星期日早上的主日崇拜受浸了。过了不久，陈牧师便询问他是否愿意加入青少年事工的领袖团队。

林书豪答应了。教会每个星期天晚上租借一所高中的体育馆，让青少年可以打篮球，并且邀请朋友一起来。陈牧师说："书豪总会邀请孩子来跟我们打球。他们来了以后，书豪也尽量让每个人都可以感到轻松自在，这是他对别人表达温暖的另一种方法。"

体育馆里有两个全场的篮球场地。很多做父亲的看见自己的孩子玩得很开心，他们也会跟着上场打球，爸爸们一个球场，儿子们另一个球场。妈妈们则利用这段时间彼此交流。

放学后、周末及周日晚间所作的篮球练习，都对林书豪能成为一名优秀的球员有很大帮助。他在场上虽然矮小，却引起帕洛阿尔托高中教练彼得·丹佩布洛克（Peter Diepenbrock）的注意。他在林书豪小学五年级参加暑期篮球营时，见过林书豪。

教练回忆说："他非常、非常矮小，但却是很好的球员——反应快、球感好，而且他的领导能力出众。他的意志相当坚强，在每场球赛中都能展现出他的意志力。"[1]

丹佩布洛克教练看见林书豪一直在进步，知道他到了高中将会是个优秀的球员，不过有些担心他的身高。

林书豪高一的时候，身高只有160厘米出头，体重约57公斤。他的目标是进入高中篮球队，但是他也知道，如果接下来两年无法长得更高，就算他的球技有多么优秀，他都不会有机会上场打球。

有一天，林书豪对陈牧师说："我要长到至少180厘米高。"

陈牧师看看林书豪，知道"一般亚洲人都不高"的刻板印象，其实有几分实情。美国男性的平均身高是177.8厘米，中国男性平均身高是171.8厘米。但是，林书豪的父母都不高，只有167厘米，所以基因条件并不算好。

"你要怎么长到180厘米？"陈牧师问他。

"我要每天喝牛奶。"年轻的林书豪回答道。

接下来的几年，吴信信不断地到当地超市买大包装的牛奶回家。林书豪喝牛奶像喝水！他吃早餐麦片时喝牛奶，午餐喝牛奶，晚餐再喝两杯牛奶。他吃钙片就像吃糖果一样。

"我喝了很多牛奶，因为我满脑子想的都是身高，"林书豪说，"我每天早上起来量身高，因为听说在早上量会比较高，至少当你还在发育的时候是这样。我想知道，过了一夜，有没有变高。"

林书豪最大的愿望是比哥哥还要高。林书雅正在长个子，高中已经将近178厘米。林书豪急于想要让自己变高，甚至吊单杠让自己倒挂，他觉得这样会拉长脊椎，使自己更高。

林书豪知道他不能"勉强"自己的身体长高,但是他也知道,如果要在篮球这项运动具有竞争力,他至少要长到180厘米以上。

这是个难度很"高"的目标。

## GOOD to KNOW

### 基督徒手圈

林书豪在球场上没有眩目的刺青,或是以狂乱的发型大胆表达自己。但是他的手腕上戴的橘色手圈,释放着大胆的讯息:In Jesus' Name I Play("我奉耶稣的名打球")。这是由前NBA球员兰尼·史密斯(Lanny Smith)与明尼苏达森林狼队前锋安东尼·特里沃(Anthony Tolliver)共同开创的基督徒公司"积极信心"(Active Faith)制作的,每个3美元。林书豪的前发展联盟队友帕特里克·尤因二世(Patrick Ewing Jr.)将这个公司的产品介绍给他。

## THINK & ACT

**Q1** 为了让林书豪打篮球,家人和林书豪自己作了哪些努力?

**Q2** 你曾为了哪件事付出许多?如果热情被自己的惰性阻碍时,你通常怎么办呢?

LINSPIRED

# 奇迹般地长高

## Chapter 05

**豪小子语录**

我在高中的时候,
赢了许多比赛,
态度很差,
很自大。我想,
这对我来说是一种失败!

林书豪升到帕洛阿尔托高中的时候，让高一篮球教练印象深刻，虽然那时他是队上最矮小的球员。经过多年在YMCA少年篮球队打球的日子，他已经练就了精湛的球技。教练甚至在赛季结束晚宴上当面对大家说："在同年龄球员当中，林书豪是我见过球技最好的。"①

然后，神奇的事发生了。

林书豪长高。

再长高。

又长高。

到了高二，他已经窜高将近23厘米，超过他期望的梦幻数字——180厘米。但他还是骨瘦如柴，只有68公斤多一点。不论是祷告有效，或是牛奶对身体有益，林书豪到高三又多长了5厘米，身高变为188厘米（结果林书豪后来居上，大学时期又长了3厘米，就是他目前191厘米的身高。他读大学的时候也常常举重，练就结实的90公斤体重）。

林书豪不再是球场上最矮的球员，如今可以向教练与对手展现他发动攻势的狠劲、投篮神准的优势，以及强悍防守造成的压力。他负责的位置是控球后卫，是篮球场上最特殊的角色，他的任务在于指挥球队展开攻势、发动快攻，在恰当的时机传球到位、作挡拆战术、突破防守，当自己被包夹的时候，为队友制造出手得分机会。

当林书豪运球到前场时,他就像美式足球的四分卫一样,迎向战斗阵线,扫视对方的防守,他在脑中火速判断对方的防守策略是什么,弱点在哪里。他的灵敏速度总会让对方的攻防失守。

林继明总是走在科技尖端,在林书豪上中学时就开始录下他的比赛过程,结束后,父子二人会一同讨论,从录像带研究可以改进的地方。林书豪高二的时候,不仅担任校队的首发控球后卫,而且为自己赢得了第一个"圣塔克拉拉体育联盟"(All-Santa Clara Valley Athletic League)优胜队奖。第三年赛季表现得更好,林书豪成为帕洛阿尔托高中"维京人队"(Vikings)的幕后主要推手,带领球队创下32胜2败的战绩。

教练丹佩布洛克发现一个特别的方法,可以激发林书豪在球场上竭力发挥。他叫林书豪坐下,面对这位控

▍林书豪在高三那年(2006年3月17日),带领帕洛阿尔托高中打败圣母高中拿到全加州锦标赛冠军。

043
奇迹般地长高

球后卫认真地说:"我们就打开天窗说亮话。我协调防守,你策划进攻。让我们赢球吧!"②

这正是林书豪在高中最后一年的成就:率领校队赢得加州第二级校际联赛冠军。赛季还没开始,林书豪就站起来对队友说,他的目标是赢得州锦标赛冠军。

"怎么可能,不可能办到的啦!"队友凯文·特林布尔(Kevin Trimble)记得当时他的心里这样想,"但是我们却办到了。"③

进入冠军赛时,队手是来自南加州的常胜军,天主教圣母高中(Mater Dei)的"君王队",帕洛阿尔托高中的"维京人队"可说是处于劣势。加州高中校队当中,"君王队"赢得的奖杯不可胜数,这次带着32胜2败的战绩进入决赛,跻身全国高中顶尖球队之列。

这还真是一场大卫对抗歌利亚的比赛。圣母高中有不少一级的选拔球员,身高超过2米以上的就有8人,帕洛阿尔托却没有人高过198厘米。冠军赛在NBA国王队的主场"阿科体育馆"(Arco Arena)举行。林书豪全场飞奔,指挥个子不高但具胆识的帕洛阿尔托高中队,在比赛还剩两分钟的时候领先两分,但是"维京人队"能坚持到底吗?

林书豪在场上运球,尽量拖延时间。他突然发现35秒钟进攻时限只剩下了2秒钟。虽然远在三分线以外好几步,他决定赶在限时声响起前,投个高抛三分球,结果远投入网,帕洛阿尔托高中领先5分。

但是圣母高中并没有罢休,林书豪当然也没有。还剩30秒钟,"君王队"将差距追到只差两分。林书豪将球运到前场,对方不想犯规,因为知道他的罚投很准,所以等着他把球传给队友。但是林书豪感到有个空档，就霎时快速带球攻向篮框，单挑圣母高中203厘米的明星球员泰勒·金（Taylor King），当着他的面上篮得分。这一球让他总共拿下17分，并且将比分定格在51比47，他们获得了全州决赛的总冠军。

担任林书豪在"业余运动联盟"（Amateur Arthletic Union，简称AAU）5年教练的萨特（Jim Sutter）说："有些人球打得很好，但是遇见大场面就怯场。但林书豪在聚光灯下就是会自然散发光芒。这就是他的性格，他决心要成功。"④

我们可能会认为，州决赛有那么多大学球探在场边，林书豪必然会收到很多大学球队的邀约。但是整个赛季前后，都没有什么学校招募他，即使在打败圣母高中之后也是一样。林书豪并不是在内华达州沙漠、野草丛生的偏远高中打球，而是在球界知名的帕洛阿尔托高中打球，而且丹佩布洛克教练在大学教练中也小有名气。

而且，林书豪在北加州高中篮球队圈子里，是个备受瞩目的球员。他入选全加州明星第一球队，以及北加州二级联盟年度最有价值球员等。《旧金山纪事报》（*San Francisco Chronicle*）、《圣荷西水星报》（*San Jose Mercury News*），以及《帕洛阿尔托日报》（*Palo Alto Daily News*）都评选他为年度最佳青少年球员。

林书豪有好的出身，一箩筐的季后赛奖牌加持；也有教会朋友帮他制作比赛精华光盘大量寄出投石问路；还有丹佩布洛克教练帮忙尽力游说大学教练。但是林书豪没有收到**任何**一级篮球队的体育奖学金。就在帕洛阿尔托高中对面的斯坦福大学也没有[两校只相隔一条宽广的"王者大道"（El Camino Real）]。

斯坦福大学没有给林书豪奖学金，颇令人不解，因为林书豪具备他们心目中学生运动员的资历：

优秀的高中篮球战绩
本地学生
学业成绩好
亚裔美籍

特别是最后一点。斯坦福20%的大学部学生是亚裔美籍人。但是他们的球队没有考虑，有些斯坦福赞助者替林书豪说情，要教练团一定要考虑这名姓林的小伙子，然而林家得到的最好回复是以不提供奖学金的随队"临时球员"身份进入球队。

林家把眼光跨过旧金山湾到加州大学伯克利分校，但那里的教练也是同样的答复：**你可以来试试看，但不能保证什么。**征选面试时，一位加州大学教练甚至不小心把林书豪的英文名字错叫成"RON"，这在一流球探身上是绝对不会发生的失误。

大家不把林书豪放在眼里，在他的梦想学校——加州大学洛杉矶分校（UCLA）——也同样继续上演。林书豪的哥哥林书雅在这里读书，而林书豪也很希望能在棕熊队这支拥有悠久历史的球队打球。他想象自己会是该队60～70年代传奇教练约翰·伍登（John Wooden）想选拔的人才。但是，加大洛杉矶分校教练给的回音也一样：**你只能以非奖学金身份加入球队。**

林书豪知道，没有几个非奖学金球员（随队练习生）

能够进入球队首发名册上。虽然林书豪自己绝对不会这么想，但有些篮球观察员认为，因为林书豪的亚裔身份，所以才会让他失去一级球队奖学金的机会。球探无法扭转他们的刻板印象，而且也无法想象，一个亚裔小伙子可以跟全国的顶尖好手一争高下。无论如何，他们都无法想象林书豪可以在一级赛事打球。因此林书豪决定将目光转向美洲大陆另一头的东海岸。

## Good to Know

### 球场急惊风，上路慢郎中

林书豪在帕洛阿尔托高中打球的时候，一向勇者无惧，在场上疾速运球。然而他考驾照的路考却很小心，结果第一次因为开得太慢而没有及格——他在限速25英里的住宅区却只开时速15英里。

## Think & Act

**Q1** 林书豪有哪些特质帮助他在场上得分？又有哪些因素使他无法进入理想的学校？

**Q2** 一个人的实力与价值常常和别人的评价不成正比，你有这样的经验吗？如果从上帝的眼光来看又是如何？

**LINSPIRED**

# 篮球小子进哈佛

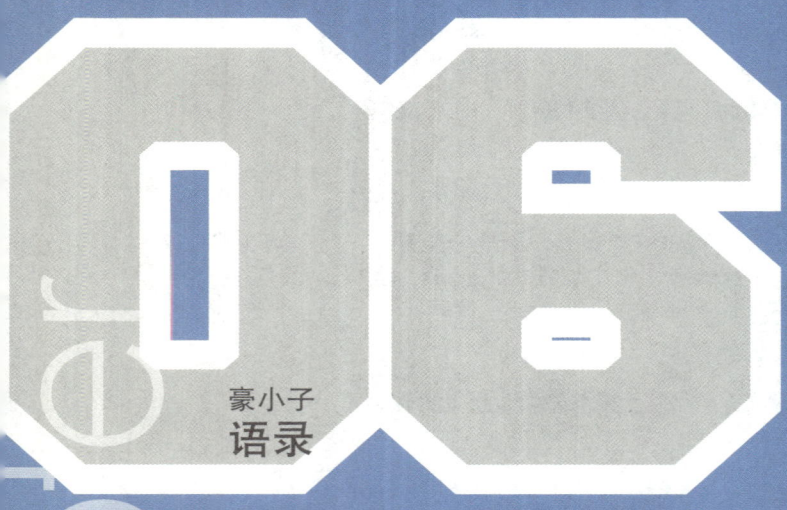

Chapter 06

豪小子语录

不论波折起伏，上帝总是良善的。

林书豪碰上阻碍他进入一级球队的整个"体系"，像是两个大鲨鱼奥尼尔那么大块的中锋挡住上篮的路。作决策的大学教练们，他们会从高中选手身上寻找可以量化的东西，比如说，这个学生身高多高，可以跳多高，每场比赛可以拿几分。林书豪的最大长处并没有在这些数据上呈现出来。

他的高中教练丹佩布洛克说："林书豪的强项很难量化。他不是身高195厘米的高后卫，也不是纯射手，或是运球机器。他的优点是理解比赛和赢得比赛的能力。"①

他讲求的是统筹比赛节奏、策动进攻、让队友融入战术。他在场上有惊人的篮球智慧，也有着像魔术师约翰逊一样的球场判断能力，以及教练喜欢从控球后卫身上所看到的领袖气势。

"他在每场比赛的一分一秒当中，都知道需要做什么。"丹佩布洛克说，"他也能够以你预想不到的方式，在球赛中施展他坚强的意志。他无惧的胆识很难被量化。"②

问题大概出在这些重点大学教练从来没有选拔过出众的亚裔球员，所以不知道该如何看待林书豪。像他一样为运动疯狂的亚裔美籍人，在大学球队里确实罕见。在一级联盟里，每两百名球员才有一名来自亚裔家庭。在很多教练心目中，林书豪不像个大学明星球员。

多亏林继明与吴信信一直坚持，孩子课堂上的表现要跟球场上一样好，所以林家还可以有其他选择。吴信信是个绝不含糊的严格家长，她要确定林书豪在课本上花的心思，得跟他改进自己的跳投一样努力。

吴信信自己也不遑多让。林书豪在高中打球的那几年，她志愿做球队的义工妈妈，安排比赛的交通、订房、为欢送晚会订花，甚至搜集球赛对手的统计资料。吴信信工作的同时，密切注意3个孩子的动向。

有一次，丹佩布洛克教练接到吴信信的电话，她传达了一个坏消息：林书豪的数学成绩降到A⁻。"教练，书豪这科成绩拿了A⁻，如果下个礼拜不是A，我要他离开篮球队。"吴信信施压道。③

"好的，我会看紧他。"教练承诺道。

林书豪的高中成绩一直保持在4.2（按照帕洛阿尔托高中的计分系统，A等值4点，但是有些资优课程，因为难度高，得分数可以比较高），他第一年的数学测试拿到满分。林书豪的父母认为，如果太平洋联盟十大学校或是一级联盟不想要他们的儿子，或许他可以为学术名列前茅的大学打球——比如哈佛。

林家的目光转向东岸甄选严格的8所常春藤精英名校。哈佛与布朗大学率先出线，两边的教练都保证林书豪一定会列入正式名单，且都表达**真的**非常希望林书豪可以替他们球队打球的意愿。

林家没有经过太多的讨论，因为如果大家心目中公认的第一名校哈佛想要录取林书豪，那么他当然要为他们的"赤红队"（Crimson）打球，虽然这意味着，他们必须自掏腰包付学费。哈佛、耶鲁、普林斯顿，以及其他常春藤联盟学校，并没有提供体育奖学金。

这对林书豪的父母可不是什么简单的考量。整个算起来，哈佛大学部一年，包括学杂费、食宿、书籍、其他花费等，差不多要5万美元。而林家已经在支付林书雅在加大洛杉矶分校的教育花费。

对此，林书豪表示："学费真是夸张。但我的父母尽一切所能让我可以完成学业。我从哈佛领到一些奖助金，然后申请了一笔学生贷款。但若不是父母的敦促，我不会被哈佛录取。"

幸好，林继明与吴信信也一直重视学业这个方面。哈佛对林书豪不仅是个可以打球，还是让他的球技可以提高的理想学校，而且更在未来的林书豪传奇里，增添了一笔重要的纪录。

## Good to Know

### 数字会说话

18：根据2009年的官方纪录，这是林书豪在哈佛打球的时候，亚裔美籍人在NCAA篮球一级联盟的球员数目（占0.4%）。

23：林书豪在哈佛念书的时候，姓林的学生数目。

# THINK & ACT

**Q1** 为何林书豪有绝佳的实力却得不到许多学校的肯定?山不转水转,他如何找到另一条出路?

**Q2** 每件事情都被量化评估的话,会带来怎样的影响?怎样避免自己只用这样的眼光去看待每一件事?

# 欢迎观赏林书豪秀

## Chapter 07

> **豪小子语录**
>
> 当别人看到我打球,
> 看到我打球的方式,
> 看到我怎样对待我的队友,
> 怎样对待我的对手,
> 怎样对待其他人,
> 这些都反映了神的形象,
> 也反映了神的爱。
> 这些都是我需要专注的,
> 比赢球更重要的方面。

哈佛大学的篮球队始于20世纪初。1900年，詹姆斯·奈史密斯博士（Dr. James Naismith）在麻州春田市的一间YMCA训练学校发明篮球8年后，有一名哈佛法学院的学生约翰·克拉克（John Kirkland Clark）将这项运动引进校园。

哈佛大学虽然离篮球诞生地仅相隔142公里，但直到林书豪于2006年秋天抵达哈佛校园的106年间，哈佛赤红队没什么突出表现。除了从未赢过常春藤联盟冠军，而且打从1946年之后，就从未获得过全国大学男篮锦标赛的资格。（哈佛于2012年终于打进"疯狂3月"的64强。）林书豪入学前的4个赛季，哈佛的纪录是43胜65败。赢球超过一半的赛季好像每10年才出现一次。

也难怪学生对球队没怎么留意。林书豪在哈佛的前两年，球队的表现还是平平（大一的时候12胜16败，大二的时候8胜22败），当时林书豪与球队才正走在通往成功的半路上。

大一结束那年，助理教练雷迪斯（Lamar Reddicks）告诉这名年轻稚嫩的选手，他是"哈佛球队有史以来体能最差的球员"。①林书豪明白这句话背后的刺激动力，于是他生平第一次开始练举重，给自己瘦长的身躯锻炼肌肉。

哈佛教练亚梅克（Tommy Amaker）曾是杜克大学的明星球员，受教于传奇教练"K教练"薛塞斯基（Mike Krzyzewski）手下。他非常喜欢林书豪的速度，以及瞬间攻击篮框的企图，但是他的严重缺点是三分球射程以外的投球能力。

大学篮赛的三分线是20英尺9英寸（约6.32米），NBA的三分线是23英尺9英寸（7.24米），后卫应该借助投三分球搅乱对方的防守，而且命中率要过半。然而，林书豪在弧线外的命中率是两成八，对手也注意到了，所以他们退守，防止他上网进攻，量他不敢投三分球。

经由亚梅克教练的建议，林书豪在大二至大三年间，集中于改善线外投球。他常常在早上7点，与助理教练布雷克尼（Ken Blakeny）见面，练习投球动作，拉长射程。

他孜孜不倦的努力起了作用，很快就具备三分球的威力，整个球场对他变得毫无阻挡。赤红队的一名助理教练威廉·威德（Will Wade）说："林书豪大三的时候，教练亚梅克基本上把球队交给了林书豪。"②

在林书豪主导下，哈佛赤红队的表现开始受到重视，特别是在他拿下25分，帮助赤红队打败不久前刚让排名第一名的北卡大学中箭落马的波士顿学院。哈佛从8胜22败到14胜14败的进步幅度，非同小可。林书豪得分能力的进步也同样戏剧化：每场平均得17.7分、4.2次助攻、三分球命中率高达四成。

更值得一提的是，林书豪是NCAA一级球员当中，唯一在自属的联盟，得分、篮板、助攻、抢断、盖帽、投球命中率、罚投命中率、三分球命中率，都名列十大的球员。他的进步神速，而且摸到了自己的球路。但是他也决心做个正常的大学生。

▮ 林书豪让哈佛赤红队东山再起，在大四那一年拿下20胜8败的佳绩。

他大一住校，从来没有因为自己是篮球校队成员，而给人与众不同的印象。说实话，在哈佛，每个人都学有所长，林书豪也不例外。他喜欢交朋友，一起出游，大啖比萨，玩最喜欢的电玩"最后一战"（HALO）。他喜欢交际，但不是派对狂。

在美国，很多年轻基督徒进大学以后，就偏离信仰，特别是进入像哈佛这样一般世俗的精英学校。许多人沉溺于夜夜狂欢，过着私己的生活。

林书豪却没有偏离《圣经》所说的，导向基督里的荣美生命的"窄路"。他知道自己每天都要在神的话语里，所以早上和熄灯睡前都会读《圣经》。

"当我刚去哈佛，身边突然都是运动员，我不是太习惯，"林书豪说，"这是个很有挑战的环境，如果没有适当的界线，就会在信仰上妥协。我在灵性上有过一段挣扎，因为没有太多的基督徒朋友。到了大二，加入一个小组后，我才真正开始有改变。我加入了一个基督徒团契，对《圣经》里的耶稣有更多的认识，而且认识一些朋友，帮助我对自己认真负责。"③

由于常要到外地比赛，周日上教会不是很容易，但林书豪还是会尽量去参加牧师亲戚在哈佛广场牧养的一间教会。在他加入"哈佛－雷德克里夫亚裔美籍人基督徒团契"（HRAACF）之后，对他的灵性增长帮助更大，因为他在那里认识了可以谈论信仰的朋友，大三、大四的时候也成为团契同工。由于学业跟打球的缘故，他参与团契的时间有限，但还是常常与学校团契同工谭艾德（Adrian Tam）见面。

谭艾德成为林书豪的辅导，两人一起查经、读书，像是《忙中取静学祷告》(*Too Busy Not to Pray*)。谭艾德说:"林书豪非常爱他的室友,花很多时间和他们在一起,带他们一起研经,或是单纯地闲聊。"

对于两人的第一次见面,他印象最深的是林书豪的谦逊。"他虽然比我有成就、更聪明,身材高大,但总是一直很尊重我。"谭艾德说,"他以真诚对我,极其渴望在每件事上跟随神。他有个企图心:不仅是尽己所能成为最好的篮球选手,也尽己所能成为最好的基督门徒。"

他参加亚裔基督徒团契最高兴的事情之一,就是看到同学归向基督,改变生活方式。林书豪说:"当有人信主,你真的可以看见神在背后工作。我很感谢神,改变他人,也改变我的生命。看见这样的转化,让我非常满足,也有成就感。将来我一定会服事,如果神带领,或许也会做牧师。"④

除了大一住校之外,林书豪其他三年住在能俯瞰查尔斯河的"勒佛瑞特学舍"(Leberett House)8人套房,在那里与朋友形成一个关系紧密的团体,大家一起读书和共处。"勒佛瑞特学舍"成立夺旗美式足球队(没有身体碰撞的小型美式足球比赛),林书豪成为明星外接员。2009年,哈佛校内夺旗美式足球冠军赛,林书豪在与宿敌"温特普学舍"(Winthrop House)的决战中,以35比20获胜,不论达阵得分或截击,林书豪证明自己像是称职的接球机器。

林书豪在球场上虽然无所畏惧,但是每年打流感预防针就没这么勇敢了。当年也住在"勒佛瑞特学舍"的布兰克诺(Alek Blankenau)还记得,有一次赛季刚开始,球队接到打流感疫苗的通知。由于担心流感病毒会横扫校园,所以学校作了这项规定,但林书豪对针头有深深的恐惧,抵死不从。

球员排队的时候,林书豪开始抓狂,焦躁地对布兰克诺小声说,他办不到,想要临阵逃脱。"我对林书豪说:'真的假的?我们都是成年人了,你要跟我们一起打针。'"布兰克诺回忆道,"那是我看过他最慌乱的模样。"

他在球场上当然绝不慌乱。"林来疯"就在哈佛的最后赛季上破土萌芽。哈佛靠着他获得前所未有的20胜8败纪录。哈佛赤红队连续赢球,打败同联盟的耶鲁、布朗、达特茅斯等名校。2195个座位的"拉维提体育馆"(Lavietes Pavilion)坐满了哈佛学生,穿着"欢迎观赏林书豪秀"(Welcome to the Jeremy Lin Show)的T恤。

骤然间,现身于大学篮球历史第二悠久的体育馆(于1926年启用),替林书豪及**自家球队**加油,在这间亟需学校荣誉感的常春藤学府,成了一件很时尚的事。哈佛美式足球队的跑锋何凯成(Cheng Ho),对这名亚裔运动员感到惺惺相惜,于是采取行动,在facebook上发起"赤红人"运动,鼓励大家来哈佛看主场比赛。〔有趣的是,facebook就是扎克伯格(Mark Zuckerberg)于2004年从哈佛宿舍开始创办的。〕

"拉维特体育馆"不再是零零星星地坐了些学生,而是坐满了振奋的大学生、好奇的校友,甚至附近东剑桥地区贫民区的孩子也来了,很多人都看到了"何主席"贴文下达的指令,穿上了"全白"(white out)或"全黑"(black out)的T恤。

林书豪在主场是热门人物,但客场的反应却很冷淡,甚至到残酷的程度。

## GOOD to KNOW

### "摘桃"运动的由来

1891年12月,一个冬天的早晨,詹姆斯·奈史密斯博士在体育馆楼座的下方栏杆钉上一个放桃子的木制篮框,离地10英尺(约305厘米)。他对上课的学员说,今天要玩一个新游戏,并在布告栏上贴了13条规则。一开始的"篮球"每队各有9名选手,而且不许运球。目标:把一个没气的足球丢进你的篮子里。每次得分都得停止比赛,因为要有人爬上去捡球。很明显,这个运动已经有很多变化,不过还好,麻州春田市那间体育馆的2楼看台不是12英尺(365厘米)高,否则NBA每年就不会有灌篮比赛了。

## THINK & ACT

**Q1** 林书豪的篮球技术精进,是因为遇到一些好的教练,你的生命中是否有这样的教练?

**Q2** 为何在忙碌的练球生活中,林书豪仍坚持聚会和团契生活?这样的时间规划给你什么榜样?

# 五花八门的绰号

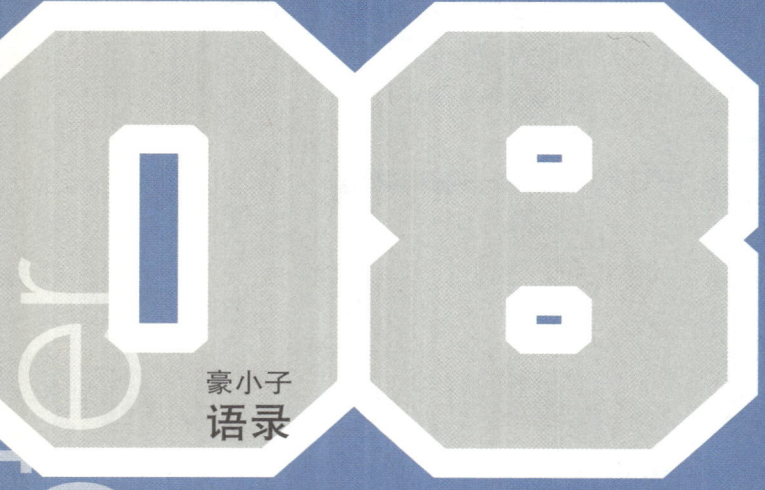

**豪小子 语录**

我只是专注场上，全力以赴，乐在其中，不去多想其他的事。

Chapter 08

大学篮球观众有时非常无情。杜克大学的"蓝魔鬼"主场在"卡麦隆室内体育馆"(Cameron Indoor Stadium),他们的球迷以"卡麦隆疯子"(Cameron Crazies)为人所知,为全美最激动的大学篮赛观众。尔可曾听过球员投篮未进,群众齐喊"面包球"(air ball;编按:意指篮球投篮,既不命中,也碰不到篮框和篮板)?这一景象,就是从杜克大学开始的。

有时候,这些疯子会……太过疯狂。他们会朝敌队过重选手丢奶油夹心蛋糕卷,或是在与宿敌北卡大学队比赛的时候,喊"我们聪明,你们笨蛋"。所以当他们看见一名亚裔球员全场飞奔,打赢他们的球队。难免会激起一些不成熟的学生在哈佛客场比赛时嘲笑林书豪。

因此,有些球迷喊出愚蠢又带种族歧视意味的称呼,不免是意料中事;像是"嘿,咕噜肉"或是"馄饨汤"(译注:美国人爱吃的中国食物)。还有令人笑不出来的"滚回中国去"或是"管弦乐团在校园另一边"(译注:美国华人子女大多学习古典乐器)。有次在乔治城大学,林书豪听到有人朝他说些非常伤人的歧视性用语,像是"眯眯眼"。

这不是林书豪第一次听到这些称呼。在高中就有人朝着他叫骂恶意的话。林书豪承认,这些字眼一开始会搅乱心情,影响比赛。然后他想起《圣经》说:"连另一边也转过来由他打。"就原谅了他们;更何况耶稣在十字架上,也原谅了折磨祂、对祂叫骂难听字眼的人。林书豪效法救主的典范，决心更努力打球，让球赛替自己发言。在这过程里，他让哈佛大学重新在大学篮坛占有一席之地。

到了大四，林书豪也在球场上更加展现他的信仰。

"我学习如何更勇敢、更开放地表现我的信仰。"林书豪说，"至于该如何发挥影响力，我尝试以敬畏神的方式来作榜样。对我来说，就是服事的精神，即使是干些粗活，像是把地板上的汗水拖干净，或是扛用具袋。在篮球界有些不成文规定，菜鸟球员或新生学弟们应该出劳力，学长可以放松。但是你颠覆这种习惯，就表现出你在服事他们，而这也是领导的好方法。"①

林书豪大四那一年，在进攻端的十个项目再次跃居常春藤联盟十大好手。他平均每场球赛拿下16.4分，不过从他每场出手只有9.9次来看，表现十分亮眼，也看出他无私成全的一面。林书豪连续三年获得队友票选的最佳球员奖，并且在哈佛队史上留下纪录，包括出赛场次第一（115），助攻第五（406），抢断第二（225）。

林书豪的抢眼表现，甚至引起媒体的关注，特别是赛季初的接连两周胜利。11月底，他拿下球队的最后11分，以78比70打败劲敌波士顿大学。一个星期后，林书豪的名声更加高涨。哈佛面对当时全美排名第12，实力一向强大的康涅狄格大学这支强队。林书豪拿下30分与9个篮板，拆解了这支跻身全国排名前列的球队战术，让他们吓出一身冷汗。虽然哈佛最后以73比79输了比赛，但林书豪赢得了不少新仰慕者的青睐。

东部沿岸的各地记者纷纷跑来，想要更了解这场林书豪秀。他们想要瞧瞧这位彻底翻转常春藤联盟常年疲弱印象的球员，到底是何方神圣。

不久之后，林书豪总算多了些比较友善的评价。以下是几则令人印象深刻的报道。

- "林书豪是你所不知道的全国最优秀球员。"——ESPN球评戴维斯（Rece Davis）
- "看林书豪打球是享受：流畅、聪明、无私，观察球赛的视野也极为独到。"——《波士顿先锋报》（*Boston Herald*）专栏作家梅格理欧拉（Len Megliola）
- "要留意哈佛的林书豪。因为他在哈佛打球，以及他的亚裔身份，所以这么久都不被NBA所重视。当球探四处搜寻控球后卫，他们会回头承认，林书豪是个不折不扣的好人选。"——ESPN选秀分析专家福特（Chad Ford）②

《运动画刊》于2010年第一次专文报道林书豪，题目是"哈佛篮球校队史"（Harvard School of Basketball），作者帕布罗·托瑞（Pablo S. Torre）作了如下陈述：

> 1月中旬的午后，一位看起来最不可能造成大学篮球中兴的经济系大四学生，坐在4楼寝室，眺望着结冰的查尔斯河，四围尽是家人及高中时代朋友的照片、金州勇士队克里斯·韦伯（Chris Webber）的海报，还有一台失修的XBOX。没有什么迹象能看得出来林书豪目前的名声：10年以来，第一位没有体育奖学金的常春藤学府球员入围"约翰·伍登大学

篮球年度最佳选手奖"［纪念UCLA传奇教练约翰·伍登（John R.Wooden）所设立的奖项］决选，也是第一位入围"库西奖"（Bob Cousy Award，每年颁发给年度最佳控球后卫的奖项）决选的球员。

"我自己也完全料想不到。"林书豪说，"这么多人在谈论我，夸奖我！不是太习惯。"③

"约翰·伍登奖"只提名15人，是全国大学篮球最令人垂涎的荣誉。林书豪觉得自己获得最佳后卫"库西奖"［以波士顿凯尔特人队名人堂后卫鲍伯·库西（Bob Cousy）为名而设立的奖项］的呼声应该较大，但是这个奖项最后由马里兰大学的瓦兹奎兹（Greivis Vasquez），这位从小在委内瑞拉贫民区街头打篮球的刁钻后卫获得。

当林书豪结束在哈佛的篮球生涯，他也以总平均分3.1的成绩获得经济学学士学位（副修社会学）。他抱持很高的期望，期待会有NBA球队选他，让他成为正式球员展现身手。但是有股无所不在的逆流与他抗衡。

首先，他没有在一级的大学球队联盟，与全国最高大、最优秀的球员打过球。

然后，他的族裔背景？

那就更不用提了。选秀场有个挥之不去的无形怪物心态：没有任何一名华裔美籍球员披过职篮战袍，如果林书豪想要打NBA，他将首创先例。

要达到职篮这样的最高水平，其实非常困难。打从1949年开始，差不多有3600人打过NBA，但是有多少人尝试过，或是幻想过这么做？如果把所有假装自己是迈克尔·乔丹、魔术师约翰逊、韦德（Dwyane Wade），或是韦斯特，在车库前的车道上突破上篮，在NBA决赛的第七战中投进致胜一球的每一个小男生都算在内，恐怕有千百万人。

林书豪就是其中一个，他就是那个花上好几个钟头在车库前练习投篮的男孩。他读中学的时候，如果爸爸看NBA转播，三兄弟就会停止投篮，从窗户外观看乔丹作出独门的后仰跳投，然后，林书豪便会回到车库前的车道上，一次又一次模仿那个动作。

林书豪从5岁起就开始练球打球了。然而，尽管他在这方面很有天赋，并且非常努力，却是借着上帝的经济学在NBA闯出天下。

换句话说，这是个神迹。

## GOOD to KNOW

### 加州客场之旅

林书豪大四那年，位于故乡帕洛阿尔托24公里外的圣荅·克拉拉大学（Santa Clara University），邀请哈佛篮球队到西岸"返乡"比赛。

比赛的新闻在旧金山湾区引起一阵热潮。

"想要看体育馆坐满几千名亚裔观众，为最优秀的亚裔篮球选手加油，你应该来观赏这场历史性的比赛。"一名金州勇士队球迷在博客写道，并鼓励每个人穿上支持哈佛客场的黑色球衣。④

数千名林书豪的球迷穿着黑色T恤，于2010年1月4日，将体育馆4700个座位坐得满满的。在父母家人、高中同学、青少年时期的队友，以及新球迷面前打球的压力，影响了他的表现。林书豪紧张过度，只投进6分，但攻势组织得不错，帮助哈佛以74比66击败圣塔·克拉拉大学队。

**Q1** 亚裔的背景让林书豪的篮球之路格外艰辛，你的生活中是否有哪些事件与这样的处境类似？你都如何面对？

**Q2** 林书豪用仆人的服事心态来带领人，这跟一般的观念有何不同？给你怎样的启发？

# 没人选，没人要

## Chapter 09

**豪小子语录**

我过去上场的机会不多，
没有机会展露实力，
所以我在等待机会，
而我知道我终会等到。

艾德·卫兰德（Ed Welland）是个职篮球员选秀狂，就像淘金客找金块一样，翻阅所有统计数字，寻找关键信息。

他研究了选拔名单上的每位控球后卫，认为2010年能被挑选出来执行战术的控卫球员稀少。"但这并不表示，没有球员会让专家跌破眼镜。"卫兰德曾说，"最能跌破专家眼镜的人选，有可能是林书豪。理由在于他的两项数据：后卫两分球命中率0.598，RSB40（编按：指篮球运动员的个人攻防综合评价指数，是每40分钟的篮板、抢断和盖帽的总和）为9.7，这两个数据很难得，比其他项目更能看出在NBA可以发挥的战斗力，这两项高数据，表示林书豪在球场的两端，不论攻守都可以很出众。"①

我们需要哈佛数学系的学生帮我们解释，才能知道"职篮研究协会"如何算出APBRmetrics的这些数据，但是，卫兰德基本上是在说，林书豪在三分线内的高命中率——10投6中，或是0.598的百分比，使他成为最顶尖的人选。

但是卫兰德不是什么响当当的大人物，他只不过是俄勒冈州东部小镇一名"联邦快递"的司机，在运动博客hoopsanalyst.com上发表自己的评论。当他挑选出林书豪为控球后卫最佳人选时，甚至从未看过林书豪打球，因为在这偏远的俄勒冈小镇，并不容易看到哈佛的比赛转播。他纯粹只是根据印在纸上的统计数字作出了这个判断。

NBA球探却倚赖视觉评估，其实更为主观。2010年NBA选

秀会举办前,林书豪确实引起了一些球团注意,他获邀参加包括他老家勇士队在内的8支球队的试训,但是到了正式选秀会的那天,两轮选出60名球员,林书豪没有上榜,这跟他在常春藤联盟打球应该很有关系。上一次披挂NBA球衣的哈佛球员是爱德·史密斯(Ed Smith),在1953~1954年间的一个赛季,只打了11场比赛。专业球探的一般看法是,哈佛球员不可能在NBA有什么成就。

但是达拉斯的经理尼尔森(Donnie Nelson)在选秀的喧哗过后,邀请林书豪参加达拉斯小牛队的夏季联赛队,让他获得了另一个机会。NBA的夏季联赛步调紧凑,有时候打得也很随便,但是对菜鸟或是找球队的选手,夏季联赛是个短暂、却也可能是**最后的**一个机会,能够在NBA等级的球赛展现自己的球技,让球探留下良好印象。这次为期8天的夏季比赛于2010年7月在拉斯维加斯举行。

理所当然的,林书豪没有出现在小牛队夏季联赛的首发阵容。他排在布博瓦(Rodrigue Beaubois)这名威力十足的控球后卫之后,达拉斯教练打算将林书豪也列入正式球员名单。前4场比赛,林书豪是候补,平均上场时间是17分钟,得8分。

▌2010年7月,NBA夏季联盟的最后一战,林书豪的大好时机终于来了。他的球技、缠斗工夫都令对手华盛顿巫师队相形失色,给NBA的球探留下深刻印象。

然后，发生了耐人寻味的事件，改变了林书豪的篮球生涯。他认为是上帝的手在运筹这些事。

1. 林书豪的球队与华盛顿奇才队比赛，里面有2010选秀状元沃尔（John Wall），沃尔后来被选为夏季联赛最佳球员。
2. 这是夏季联赛最后5场比赛，很多球探与NBA工作人员都在场边。
3. 布博瓦扭伤脚踝，上半场表现不佳。林书豪代替他上场。
4. 下半场林书豪在每一方面，无论是球技、缠斗、进攻，都使得沃尔相形失色，并且带领球队在落后之下反败为胜，几个勇猛的切球上网也引起场边的惊叹与赞美。比赛第四节，林书豪的纠缠防守，导致与沃尔跳球。然后又不知从哪里钻出来，抄到漂亮一球。他也从身高213厘米的球员手上抢到篮板。整场球赛，他12投6中，包括当晚唯一的三分球。

经过这精彩的下半场表现，几个队伍均以不同的眼光看待林书豪。小牛队、湖人队、勇士队都觉得经过适当调节，他可以发展成NBA球员。他们的想法是，林书豪可以在发展联盟，也就是在发展联盟打一个赛季，然后再看情况。

这时候，赖科博（Joe Lacob）出现了。

2010年夏天，赖科博正在与索尼影视前任主席彼得·古柏（Peter Guber）计划入主金州勇士队，两人一起出价4.5亿美元。

这与林书豪有什么关系呢？

原来，住在湾区的赖科博曾经担任过儿子青少年篮球队的教练，曾与林书豪的队伍对打过。赖科博与《圣荷西水星报》的专栏作家提姆·川上（Tim Kawakami）令人玩味的访谈，可以解释这一切：

川　　上：是你决定签下林书豪的吗？

赖科博：是我的决定。

川　　上：为什么选林书豪？

赖科博：嗯，这是一个很特殊的情况。

川　　上：你的公子跟林书豪曾是同一球队，还是跟他是对手？

赖科博：林书豪读高中的时候，湾区有三名优秀的控球后卫，但是他也许是最杰出的一个。我那时担任儿子球队的教练，在现场看过儿子寇克（Kirk）和林书豪捉对厮杀，那时他还很矮小。

可以说，我从他小时候就认识他。我也在帕洛阿尔托看到他与比他们优秀的球队比赛，拿到州冠军。圣母高中简直是由他摆布。他也有心打篮球，很有才华，虽然很多人都不这么认为，但他真的称得上是个运动员，他其实有很多长处。

他的球技足以进到NBA。他很会切入，非常犀利。当然，他的投球要改善，特别是外线。他需要成为一个更好的射手。

很奇怪，大家不太了解他的球路。他们说，是啊，他会投篮，但没有什么其他技巧，其实错了，刚好相反……

你如果看过他的比赛录像带，看他与沃尔在拉斯维加斯的比赛，他的表现丝毫不输给沃尔。他不是个选秀上该落选的球员，而是本来就应该选的球员。

川　上：那么，当他的教练不是会有压力吗？

赖科博：不会。他必须要在球场上证明自己。

川　上：你会好好观察吧？

赖科博：这不是由我来决定。他要实际证明，教练也会指导他，然后再看看。当年斯坦福没有选他，那实在是个大错误。我们当时有很多支持斯坦福球队的人，要他们选拔林书豪。我是斯坦福球队粉丝，那结果实在是个很蠢的决定。他就在自家门前，你们却看不出他好在哪里，真是有问题。②

林书豪就这样获得在NBA打球的机会。夏季联赛结束两周后，他与勇士队签了两年合约，消息在旧金山湾区，特别是亚裔社区，引起兴奋的热潮。凭着他坚忍不拔的精神，林书豪终于在正式名单上有了一席之地。

虽然未获选拔，却努力取得认同，在机会渺茫之余，林书豪排除万难，披上了NBA的球衣。

更棒的是，他的家乡队也想要他，而那里的球迷也支持他。

■ 2010年夏天,林书豪签了两年合约,替家乡球队金州勇士队打球。图为他与父母开心合照。

## Good to Know

### 职业运动选拔

NBA的两轮选秀会在所有职业运动里为期最短。以下是各职业运动选拔过程：

**MLB 大联盟职棒**

有最长的业余选拔过程，可以到50轮，选1500名选手。这种方式1965年即已开始。

**NFL 美式足球联盟**

第一次选秀开始于1936年2月8日。足联的7轮选拔（250名选手）本身就是个运动会奇观。选拔会现场转播，运动专栏作家当场预测，哪名大学选手会去哪一队。

**NHL 全国冰上曲棍球联盟**

也共有7轮选拔。只有职棒与职业曲棍球会选用高中毕业运动员。曲棍球每年选出大约215名球员，选秀会正式起始于1963年。

## Think & Act

**Q1** 林书豪的篮球困境为何？凭眼见就判断为何不见得正确？

**Q2** 虽然在重重的障碍之下，林书豪依旧有信心；生活中的哪件事情，让你需要对未来仍有信心？

# 菜鸟的忧郁

Chapter 10

豪小子
语录

上个赛季,有几个夜晚,
基本上可说是只有眼泪和我相伴。
当时我真的觉得撑不下去了,
有些局外人会跟我说,
没那么糟啦,至少你还有领NBA薪水。
但对我而言,真正让我受伤的是,
我连证明自己身手的机会都没有。

与勇士队签约后，林书豪在加州海渥德镇（Hayward）找到自己的住处，差不多在父母居住的帕洛阿尔托，与位于勇士队奥克兰市主场的"甲骨文体育馆"（Oracle Arena）中间。

　　展开基地训练之后，林书豪才发现，对于进入NBA，他并没有自己想象中的准备周全。分队操练的时候，队友表现得都比他优越，这不仅加深他的焦虑，也让他士气低落。甚至教练的鼓励也不能让他提起劲。"我很快就觉得技不如人。"林书豪形容他的大梦初醒，仿佛坐云霄飞车一般，从飘飘然的云端，落入绝望的谷底。①他似乎只是勉强地挤进球队的。林书豪挑选了7号的球衣，《圣经》中"7"是代表完整与完全的数字。

　　赛季第一场与休斯敦火箭队比赛，林书豪坐冷板凳。两天后，2010～2011年赛季的第二场比赛，他初次亮相。在定为"亚裔之夜"的比赛上，还剩下两分半，勇士队大幅领先，林书豪在座无虚席的17000多名观众的欢声雷动下上场。他有幸能够在最后的时间留在主场上，赢得对洛杉矶快船队（Los Angeles Clippers）的胜利。

　　林书豪缔造了历史，成为第一位华裔美籍篮球选手踏足于29米长16米宽的NBA球场。另一位美国出生的、打进职篮赛的亚洲人，是身高174厘米的三阪亘（Wataru Misaka）。他早在1947年旧有的BAA（美国篮球协会缩写）时代，替纽约队打了3场比赛（仅此3场），成为亚裔职篮的先锋，两年后BAA更名为

NBA。三阪亘出生于日本移民家庭特别值得一提,因为当时盟军刚在二战打败日本,大家对日军的行径仍然记忆犹新。

更重要的是,三阪亘进入职篮的那年,罗宾逊(Jackie Robinson)打破肤色障碍,进入职棒大联盟。三阪亘成为第一位打职篮的非白人球员,亦是个非凡的成就,因为再过三年后,NBA才于1950年选取第一位黑人球员。

在2011～2012年的赛季,有4名选手——唐森德(Raymond Townsend)、盖尼斯(Corey Gaines)、华特斯(Rex Walters)、史威夫特(Robert Swift)——来自父亲是白人,娶了日本人或菲律宾人的混血家庭。

林书豪在金州勇士队的初期比赛,非常拼命认真,但可以看得出来他很担心自己会出错。这种担忧让选手不敢过于积极。在这个讲求硬底子的职业运动中,胆识与决心却是让人真正脱颖而出的关键。

湾区球迷对林书豪的关注,为他带来不少压力。重量级的媒体——NBC晚间新闻(NBC Nightly News)、《纽约时报》(The New York Times)、《时代》杂志等——也突然来袭,对这名NBA第一位亚裔美籍球员可说是赞不绝口。林书豪以为自己够沉稳,不会因为媒体的检视,以及facebook上数千个"加入朋友"的要求而受影响,但是他很快就发现其实并非如此。本地球迷当然为本地出身的球员加油,但是也紧盯着他的一举一动,慢慢地,也看出他在球场上的表现。不久大家就发现,林书豪还是个有待进步的球员。

2010年12月底,金州勇士队重新把平均上场时间17

分钟的林书豪分发到他们的发展联盟"雷诺大角羊队"(Reno Bighorns)。

几近绝望之余,林书豪在日记上写道,自己承受了这么多压力进入NBA,现在觉得自己彻底失败了。赛季结束后,他参加了圣塔克拉拉"生命河灵粮堂"主办的特会,在2010年12月29日的日记上写着:

> 这大概是我有生以来最沮丧的时候。我在球场上缺乏自信,打球也不再有乐趣。我痛恨在发展联盟,想要再加入金州勇士队。我觉得很难为情,觉得自己一败涂地。②

想想看,林书豪到目前为止还没有什么"失败"。他一直是拿A的优等生,学习测验也考到高分,从哈佛毕业,成为全国优秀的篮球选手。然而,在NBA遇到艰巨的挑战也算是理所当然,毕竟很多专家认为NBA是世界顶尖好手的大本营。

简单地说,NBA球员要有短跑选手的速度,个子要特别高,横向移动快速,协调性特佳,而且要有超人般的爆发力。

林书豪千辛万苦走到这个地步,就好像是眼看金属撞针只差一点点就能敲到铃。然而他却没有拿到奖项,反而被降级到发展联盟。

"(去雷诺)是个震撼,因为没想到两个联盟差别很大,"他说,"这也是个令人谦卑的经历,因为更衣室、设备、观众人数、旅行待遇都非常不同。"

> **NBA球员……**
> ■ 比世界人口的99.999999%的人都要高壮。
> ■ 可以一边跑得快如羚羊，一边运球。
> ■ 可以随时停下来，把球投进直径17英寸的篮框（比篮球双倍直径少1英寸）。
> ■ 能够展现惊人的运动技能及突破上篮的"滞空能力"。

2011年1月1日，他在日记上写着："我真希望没有跟金州勇士队签约。"

林书豪想了很多，最后的结论是："薪水、车子、名声、NBA的生活、物质的享受、梦想职业、理想生活，都不再有意义。我的快乐完全被篮球而左右。"③

林书豪发现自己的快乐来自篮球应声入网，听教练夸奖打得好，或是球迷的鼓噪加油声。他内心深处知道，这些都只是暂时的。篮球成了他生命中的偶像。不过林书豪有智慧看出，如果他倚赖比赛作为快乐的源头，注定就会是个不快乐的年轻人。他决心再次将上帝置于首位，并且把未来交在祂手中。这个决定让他有了新的看事情的角度。他学到的是：成功是短暂的，但谦虚却是永恒的。

林书豪说："那时有很多挣扎的漫漫长夜，学习如何让自己的意志降服于上帝之下，在各种我觉得不公平的情况下，依然信靠祂。"

■ 林书豪继续坐冷板凳，只替金州勇士队打了29场比赛，而且3次被送到发展联盟的雷诺大角羊队，以改进他的球技，增加上场比赛时间（2010年10月29日）。

虽然他希望自己的篮球事业可以不是现在的局面，但他因此对上帝有更多的认识，而且花更多时间读经祷告。

他说："我从来没有花这么多时间祷告，而且学到这么多。"

被送到雷诺大角羊队的确是个考验。《圣经·雅各书》1章2节说，信徒一定会遭遇到各种艰难困境，但这并非世界末日，或是NBA大梦终结。体会到这一点，让林书豪的心态完全调整：如果金州勇士队把他降到发展联盟，那他就照作。他听教练的，改进弱点，努力打球。

他也继续活出信仰，服事别人。当球队飞到一些小城市，如纽约州的伊利（Erie）、俄亥俄州的坎顿（Canton），或是德州边界的小镇伊达尔戈（Hidalgo），因为林书豪是金州勇士队分发的球员，所以有资格搭乘座位宽敞的头等舱，其他的雷诺大角羊队球员则必须窝在狭小的经济舱。要把210厘米的身躯塞进窄小的座位，需要太阳马戏团的软骨功夫。

林书豪总把位子让给更高大的球员。雷诺大角羊队的教练穆索曼（Eric Musselman）说："从这一点就能清楚看到林书豪是什么样的人。球员都很喜欢跟他一起出赛。"④

林书豪在雷诺大角羊队打得不错，每场平均拿下18分，5.6个篮板，4.3次助攻。他上场时间很多，获得不少打职篮亟需的经验。

虽然他还不是很有自信，但与以前相比，比赛轻松自在多了，而且在球场上可以看出来这些改变，以至于能在金州勇士队重新获得一席之地。

## Good to Know
### 限量球衣之夜

随着"林来疯"盛行,雷诺大角羊队逮到作广告的好机会。在他们2012年3月17日的比赛,举办了"林书豪之夜",发送1500件限量球衣。即使林书豪已经不在金州勇士队,这些球衣依然炙手可热,现在只能在eBay网站才找得到。

## Think & Act

**Q1** 哪些原因让林书豪得了"菜鸟的忧郁"?他如何面对失败?

**Q2** "如果倚赖比赛作为快乐的源头,注定就会是个不快乐的年轻人。"哪些事也成为决定你快乐与否的源头?

# NBA的诱惑与试探

## Chapter 11

**豪小子语录**

很多人打球的动机是金钱、女孩子和（明星的）生活方式……我也是人，我也经常被世俗所诱惑，但是我知道我打球不是为这些。

**林**书豪在雷诺大角羊队比赛的场数（20场）与在金州勇士队差不多（29场）。他发现，NBA生涯还真是不容易。球员在漫长的赛季中，像弹珠台里的球，在城市之间奔波。连着两个晚上在不同的城市比赛所花费的体力叫人腿软。即便是状况最好的球员也要在赛季，甚至在比赛与比赛当中调整步骤，好让自己保留体力足以在球赛第四节奋力一搏。

　　除了体力的消耗，许多像林书豪一样的基督徒球员，还要每天面对试探的轰炸。他们身处的环境很容易让自己的价值观妥协，而追随世界的欲望。NBA球员面临的挑战与试探是一般人难以体会的。他们有钱，有的是时间，成群的女人在旅馆大厅、餐厅、酒吧吸引他们的眼目，就是希望能有机会跟百万年薪的球员交往。

　　奥兰多魔术队的专属牧师杰夫·莱恩（Jeff Ryan）说："大家常常忘了，他们只是一些20岁出头的年轻人。如果你们回想自己20岁的时候，你就知道我在说什么。我就记得自己在那个年纪时，不总是能作出明智的选择。我很幸运，没有他们这么多诱惑。各位要记得，他们是被狩猎的目标。有人处理得很好，有人就不行。很可惜，很多选手都栽在女色上，弄得晕头转向。他们带着美好的企图心进到联盟，想要忠贞、想要坚强，但是最后败给诱惑。"

　　林书豪踏足NBA之前，他的父母已经告诫他可能将要面对的

诱惑。

"他们告诉我：'要放聪明点。有很多女人会主动投怀送抱，所以要放聪明点。'"林书豪说，"他们还提醒我，首先要处理好我与上帝的关系。"

因为林书豪眼睛放亮，一切以信仰为优先，加上有好的基督徒队友，以至于他在新手赛季过后说："我不会说抵抗诱惑很容易，但也没有想象中可怕。几位信仰坚定的基督徒队友——史蒂芬·库里（Stephen Curry）与雷吉·威廉姆斯（Reggie Williams）——对我的帮助很大。我们一起在比赛前去礼拜堂，有时也聊一些信仰的事，这真的很有帮助。我有一个需要认真交代自己言行的小团体，而且因为常在自己的家乡替勇士队打球，所以只要一有机会就会尽量回到母会去聚会。"

因为家人就近在身边，这对于他的职篮生涯的转换，的确很有帮助，但是因为赛程忙碌，有时很难去教会。他常常在周日的时候用电脑听讲道，父亲也替他刻录了一堆讲道光盘，可以带在身边，只要有机会就可以拿出来听。

外出比赛的行程，有时会长达5～7天，林书豪几乎都没离开过旅馆。

他解释自己如何避免诱惑的策略："我不常出去。我与队友们也有来往，然而我们有各自不同的生活方式，所以问题不大。如果你真的想要试试看，外面多的是诱惑，但是我选择不涉入其中。你一开始在某些事上坚持立场，大家就都会尊重你，不会来烦你。"

林书豪在不同的城市时，并没有去品尝夜生活，而是在旅馆房间灵修，勤读上帝的话语。

他说："我比以前花更多时间与上帝亲近，这比在大学时代还容易。因为求学的时候，你一起床就忙着上课、练球、写作业，然后睡觉。"

在金州勇士队与雷诺大角羊队来来去去、往返奔波，林书豪在家乡队以精彩的表现，结束赛季的最后两周。4月中勇士队的最后一场比赛，他上场24分钟，拿下12分，打败波特兰开拓者队（Portland Trailblazers）。这比平常计分板上写着"没有上场"（DNP, Did Not Play）要好太多了。那一季勇士队表现不稳，36胜46败，没有打进季后赛。林书豪平均上场9.8分钟，得分2.6。

林书豪的新手赛季成绩虽不如自己预期，但是他对将来却抱持乐观。他说："我知道这是上帝要我现在所处的境地。过去一年我经历了不同的挣扎，学习与上帝更亲密，谦卑自己，更加倚靠祂。"

林书豪与金州勇士队签了两年合约，期待这个球队能继续用他，并给他更多的上场时间，帮助他成为更优秀的球员。

但事情的演变真的很耐人寻味。

## Good to Know
### 向传奇人物请益

网球明星张德培到目前为止，是最杰出、也是最有名的一位亚裔运动员。1989年，17岁的他赢得法网决赛，成为最年轻的大满贯男选手冠军。在他14年的名人堂网球生涯，张德培的排名曾跃居世界第二。

林书豪在金州勇士队的新手赛季开始前，曾经跟张德培讨论在职业运动世界中如何做基督徒。

林书豪说："我得到许多宝贵的建议,像是稳定持续的灵修生活,背后要有个祷告团队支持。所以我召聚了一个代祷团队,用电子信件发代祷或感恩事项给他们。"

从林书豪向张德培请教对他在运动场上以及属灵方面的建议,更可以看出他的为人。而从张德培的回复,以及他持续地发信息鼓励林书豪,也可以看到张德培为人的另一面。

"我认为林书豪能公开表明信仰是非常好的一件事。"张德培说,"这样别人就不太会找你参与一些什么有违信仰原则的事,因为他们知道信仰在你生命中居首位。林书豪头脑清楚,又很聪明,他非常谦卑,总是把荣耀归给尼克斯队,也不吝于推崇同队的队友。希望他能够带给他们正面的影响,不论是在篮球场上,甚至场外也是一样。"

## THINK & ACT

**Q1** 在职业运动世界中抵挡试探并不容易。林书豪作了哪些努力来帮助自己抵挡试探?那你呢?

**Q2** 公开表明信仰,是让人清楚你的立场的好方法。在生活中你如何表明自己的信仰与立场?

# 停摆，闭门苦练

## Chapter 12

**豪小子语录**

我也没法说清楚为什么
神让我走这条路，
但我知道，
在这难以置信的过程中，
祂的大能和对我的带领
比显示出来的还多。

因为NBA的球队老板们和球员工会无法在新的合约协议上达成共识，最终导致2011年赛季的停摆正式在7月1日开始生效。这是NBA联盟史上第四次的停摆，几乎迫使整个2011～2012年四季的比赛要全部取消。经过多方协调，终于在12月8日，停摆长达161天的联盟终于再度启动。但停摆也造成了赛季的延误，从11月1日一直到圣诞节的所有赛程被迫取消。季赛也从82场缩水到66场。

　　依规定在停摆期间，林书豪也不能使用金州勇士队在奥克兰市区的训练中心。甚至连教练团、训练员，或是任何球团员工他都不能接触。林书豪必须要透过别的方式，激励自己保持好的竞争力。那不是个太大的问题，因为他早就下决心要提升自己的体能条件和全方位的球技。他比以前更加地努力，期待NBA赛季再度开始的时候，他能够完全准备好。

他的作息表包括：
- 上午10:00～11:00：灵活度训练
- 上午11:00～中午12:00：举重训练
- 下午1:00～2:00：与私人教练改善投球
- 下午2:00～4:00：个人体能练习①

　　他把球场与健身房的疯狂训练影片放到YouTube网站上，从

中可以看到也非常惊人的训练成果：拉举次数增加近3倍（从12提升到30），蹲举的重量加倍（从50公斤到104公斤），给自己将近200磅（91公斤）的体重加上5.5公斤的肌肉，垂直弹跳也增加了3.5英寸。

他也改进了从中学二年级开始就养成的投篮习惯。在一所女子高中担任教练的史培勒（Doc Scheppler）注意到，林书豪投球时将球放在头的后面，所以妨碍了投球的节奏。史培勒教他如何更早把球"上好膛"，在跳跃最高点的一刹那将球投出去。他们每天练习90分钟，每周3～4次，每次练习时段投500～600球。

史培勒说："这是个很好的教训。你如果不喜欢自己在一项运动中目前的情况，不要在那里怨叹，不要跟教练哀哀叫，实际下手改进。"②透过这样的自我训练过程，林书豪不断地投篮，锻炼身上每块肌肉，重新打造自己。

同时，他也密切注意NBA老板与球员工会的谈判。每一次"期限"过去却达不成协议，双方都濒临不敢想象的情况——整个赛季泡汤。

2011年，11月25日，在长达11个小时的谈判之后，双方终于达成协议。NBA总裁大卫·史腾（David Stern）宣布将于12月9日星期五恢复练球，圣诞节当天赛季正式开始。

林书豪在开始练球的第一天就抵达奥克兰的训练中心练习，马上进入状态。他见到没看过他比赛的新教练马克·杰克逊（Mark Jackson），想当然又倍感压力，因为他又要重新证明自己是个好球员。

他才舒展筋骨，就发现经理瑞雷（Larry Riley）想要见他。球队甚至还没有开始上篮练习。

你若是看过《魔球》（Moneyball）这部电影，就知道球队经理找你准没什么好事。这次当然也不例外。

**书豪，勇士队决定把你列在释出名单上，我们认为你会留在上面，到时候再把你挑选回来。**

不论瑞雷说得如何婉转，这个消息还是很伤人。球队把他除名。他只知道，自己短暂的NBA生涯结束了。

职篮的这个"买卖"层面可以在瞬间毁掉一个球员的梦想。原来金州勇士队的管理层谋划好，决定签下洛杉矶快船队中锋狄安卓·乔丹（DeAndre Jordan），弥补篮板与禁区内得分的缺陷。他是受限制的自由球员。

为了要提出乔丹无法抗拒的价码，勇士队需要腾出薪资空间，也就是说，要动几名球员：释出林书豪，对后卫老将查理·贝尔（Charlie Bell）动用特赦条款以处理合约问题，并且延后签下两名他们喜欢的新秀——克雷·汤普森（Klay Thompson）与杰瑞米·泰勒（Jeremy Tyler）。然后，在薪资上限的规定下，球队有足够的钱找来他们亟需的中锋。

他们一旦签下乔丹，成交，球员报到，如果没有其他队申请接收林书豪，他们可以再把他加进来。

同一天，12月9日，在纽约发生了攸关林书豪未来的事。尼克斯队释出控球后卫老将比尔普斯（Chauncey Billups），签下中锋钱德勒（Tyson Chandler），结果尼克斯队没有上限规定下的薪资可用，也没有个真正的控球后卫。

3天后，休斯敦火箭队从释出名单接收了林书豪，所以他无法回到老家的球队。很讽刺的是，与此同时洛杉矶快船队老板向狄安卓·乔丹提出跟勇士队一样的4年4300

万美元的极其优渥条件，也就是说，这位中锋会继续留在洛杉矶快船队。

金州勇士队可说是损失惨重，他们输得灰头土脸，而林书豪在休斯敦火箭队正准备重新开始。

林书豪到了"太空城"（译注：休斯敦的昵称），发现自己也没有什么可以给教练留下好印象的机会。火箭队控球后卫过剩，林书豪表现的机会也很少。在火箭队两场季前赛，他总共只上场16分钟。

"我当时想，如果这次也不成，或许应该离开篮球圈一阵子。"林书豪说，"我投入4个月的训练，比谁都认真努力，现在却只能辛苦地找上场练习机会。我对所有的事情都开始感到怀疑。"③

圣诞夜，林书豪收到一份"礼物"——他被休斯敦火箭队释出。这次是火箭队经理达尔·莫瑞（Daryl Morey）传达了坏消息，而且也没有说什么希望他能回来之类减少冲击的话。他解释说，火箭队需要有薪资上限的空间，需要签下中锋戴伦波（Samuel Dalembert）。

**圣诞快乐，小伙子，祝你好运。**

这可以是事业的终点。但林书豪知道，如果上帝在掌管一切，新的挫折不该成为怀疑祂的时机，反而更应该努力向前，完全委身于上帝的计划……不管这计划是什么。

圣诞节的第二天，他在父母家中醒来，在去体育馆练球之前，先有一段晨更读经的时间。投篮练习的时候，每当对未来的焦虑爬上心头，他就小声背诵《罗马书》8章28节：

我们晓得万事都互相效力，叫爱神的人得益处，就是按祂旨意被召的人。

他确知会有美好的事发生，却不知道前方有更多的考验等着他。

## GOOD to KNOW

### 豪小子的金州价值

2011～2012年的赛季，金州勇士队老板赖科博与古柏想要提高球队的身价，以便可以拿到更高的有线电视收入，改建更好的比赛场地。

位于旧金山的运动市场营销专家多尔夫曼（Bob Dorfman）说，如果林书豪仍然在勇士队，球队的价值会至少增加1000万美元。多尔夫曼指出，"林来疯"引起增加额外卖出的门票、摊位营业权及商品销售额；甚至球队赞助商，以及观光财源（亚洲球迷到湾区看他打球）也会有所帮补。

"林书豪引起热烈讨论，展现聪敏的光芒，也正开启湾区的庞大亚洲市场。"多尔夫曼说，"但是有蒙塔·艾利斯（Monte Ellis）与史蒂芬·库里排在他前面，林书豪的上场时间越来越少，热潮也很快跟着减退。"④

当林书豪在此岸迅速消失，却在彼岸光芒四射。

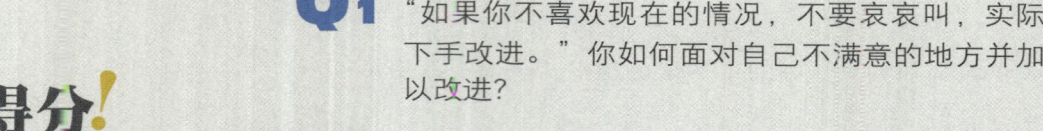

**Q1** "如果你不喜欢现在的情况,不要哀哀叫,实际下手改进。"你如何面对自己不满意的地方并加以改进?

**Q2** 林书豪先后被勇士队、火箭队释出,他等于来到事业的终点。什么原因让林书豪仍能坚持下去?

# 来来来，去纽约

## Chapter 13

**豪小子语录**

就算我倒下了，起码也要像个奋斗过的战士。

纽约尼克斯队有后卫问题。停摆终止后，球队签了32岁的戴维斯（Baron Davis）担任控球后卫，由于他背部受伤，到2月底都无法出赛。戴维斯归队前，尼克斯队就姑且用后卫老将毕比（Mike Bibby）与道格拉斯（Toney Douglas）来控球，以及香珀特（Ima Shumpert）担任得分后卫。比尔·沃克（Bill Walker，身高201厘米）与菲尔兹（身高204厘米）可以打后场位置，不过他们本来是小前锋。

圣诞节那天是赛季开幕赛，对手是波士顿凯尔特人队。香珀特与另一名球员纠缠在一起抢篮板伤到右膝。赛后随队医护人员说是韧带拉伤，需要2～4周才能复原。

尼克斯队只剩下两名后卫。

尼克斯队球探经理盖布瑞尔（John Gabriel）说，每个找后卫的球队都有自己心目中的理想人选。"你希望找到身高不错，空档时能投篮，防守能持续改善的球员。尼克斯队高层想要找能运用教练德安东尼战术的球员，包括投篮、打战术，由守转攻的时候能推动攻势，也能防守。这是我们想要的特色。"

听起来，除了魔术师约翰逊还能找谁。

显然魔术师约翰逊不会有空，也当然不可能找斯托克顿（John Stockton）或是弗雷泽（Walt Frazier）等这些名人堂球员。尼克斯队的总经理格伦沃尔德（Glen Grunwald）还有助理经理休斯顿（Allan Houston）搜索释出球员名单，林书豪的名字跃然纸上。

其实，尼克斯队的决策人员对林书豪并不陌生。他在哈佛造成的宣腾曾引起尼克斯队的注意。

格伦沃尔德说："我们喜欢他，在选拔会的时候也测试了他。他在金州勇士队的时候，我们也跟对方讨论过他。当我们需要拥有像他一样球技的选手时，刚好有这个机会录用他。"①

尼克斯队的智囊团从分解动作录像带中发现，林书豪的运动能力远超过他们的预期。他是个非常优秀的控球者，值得球队冒险一试。

12月27日，尼克斯队从释出名单申请接收林书豪，填补控球后卫的空缺。教练德安东尼说："没错，我们接收林书豪作为替补后卫，有状况就上场。我们本来就欣赏他的球技，所以静观其变。"②

纽约媒体的反应很冷淡。《纽约新闻日报》（New York Daily News）的记者布伦南（Sean Brennan）忍不住写道："尼克斯队的进攻团队没有加分，反而学业总平均分倒是提高了。"即意指林书豪这位新来的常春藤球员。③

林书豪却不这么认为。他在自己的twitter账号上贴上下列讯息："感谢上帝让我有机会加入纽约尼克斯队！该把大学时代的冬天外套找出来了！"

林书豪再度回到NBA，但是他的合约到2月10日之前，都还有可能改变，不是保证定案的。到那天之前，他随时可能会被除名，所以没什么理由可以搬进纽约第五街的豪华顶楼公寓。

幸好林书豪的哥哥林书雅住在曼哈顿，就读纽约大学牙医系。林书雅已婚，与妻子住在下东城的单间卧房公寓，如果书豪不介意，可以睡在客厅的沙发，所以住的地方解决了。

　　林书豪刚去尼克斯队，每次主场比赛，他从球员入口进去的时候，都要费一番口舌。他在twitter上留言道："每次进麦迪逊广场花园，保安都要问我是不是体能教练。"④

　　德安东尼一开始对录用林书豪虽然有正面回应，但是林书豪一直坐在板凳的末端，好像他的耐克球鞋被车轮箍夹住了。德安东尼很少叫他的号码，也就是17号。林书豪最喜欢的7号已经被小甜瓜安东尼用了。

　　NBA明星赛周天的记者会上，林书豪解释用"17"的原因。"1"代表他自己，"7"代表上帝。他说："我在发展联盟的时候就用17号。我无论到什么地方，上帝就在我身旁，这就是我为什么一直用17号。"⑤

　　从12月8日到第二年1月16日，林书豪在12场比赛上场16分钟，总共拿下9分。由于尼克斯队输多赢少，他根本没有机会在球赛结束前上场，尝试融入球队的攻势，因为结局已定，通常也打得很混乱。再说，因为赛季停摆而缩短了比赛时程，没什么练习日，所以他也学不到德安东尼的战术体系。

　　1月17日，林书豪被降到纽约的发展联盟伊利海鹰队（Eric BayHawks）。

　　别又再来一次了巴！

　　林书豪说："我根本没机会证明自己的球技。祷告的时候，当然会有些'为什么会这样'的疑问。个人感受一直拉扯着我。抱怨啊。哀哀叫啊。再抱怨啊。哀哀叫啊。但是另一个我却在想：我的上帝是全能的……我为什么还在怀疑？同时，这也是个渐渐体会的过程。"⑥

至少，他又可以打球了。1月20日，他在海鹰队的第一场比赛，出战缅因红爪队（Maine Red Claws），打出三双：28分，12次助攻，11个篮板。48分钟的球赛，他打了45分钟，一次又一次以迅雷不及掩耳的速度抢先一步突破对方的防守。

尼克斯队的球探这次可是忘不了他——本来就该如此——于是又征召他归队。但是整个1月到2月初，尼克斯队输球战绩一直往上追加。连输6场。赢1场。然后又连输3场。

毕比与道格拉斯打得非常差。香珀特对控球后卫的位置一点兴趣也没有。然后，球队的得分大将小甜瓜安东尼在1月中旬腹股沟部受伤，看起来要停赛6周。队中没有明显可以控球或是策动攻势的球员。但林书豪依然被遗忘在冷板凳上。

然后，2月4日，星期六，一扇机会之窗好像不知从哪里冒出来。尼克斯队出战新泽西网队，上半场以42比50落后。受伤的明星球员小甜瓜安东尼穿着便服，把教练德安东尼拉到更衣室，建议让林书豪上场，看这名小伙子可以有什么表现。

结果，林书豪打起球来好像天生就属于NBA——拼命、强悍、自信。他拿下25分，抢了5个篮板，送上7次

▍2012年2月4日，尼克斯队与新泽西网队比赛，当明星球员安东尼向教练提议，上林书豪上场，他们已经连输过去13场的两场比赛。林书豪拿下25分，带领尼克斯队获得胜利，被指定为首发球员，触发了"林来疯"。

助攻——职篮生涯最高纪录——带领尼克斯队以99比92赢球。

德安东尼不禁惊喜，看到了一名货真价实，可以发动攻势的控球后卫。"星期一就由你首发。"他对NBA的二年级新生说。

"林来疯"即将在浑然不知情的大众面前奔腾而来。

## Good to Know

### 社交网络的升温热潮

林书豪属于在硅谷长大的新世代，父母都从事高科技计算机产业，所以他对科技新玩意一点也不陌生。他从大学开始，在YouTube上贴自己的影片，他的官方频道TheJLin7有将近15万名订阅者。

他每周在Twitter上留言3~4次，有70多万人加入。他的大头贴是一幅画：身穿白袍的基督与一名年轻人坐在田园风光里。长椅一侧有个圆筒状行李袋跟睡袋，所以，这个年轻人四海为家或无家可归。图画下面的题句深富含义："我不是要你追踪Twitter，我是要你跟从我。"——落款人是耶稣。

你可以追踪林书豪的Twitter，账号是@Jlin7。7是他以前在金州勇士队的号码。

## Think & Act

**Q1** 面对挫折时，林书豪总是把心情与需要带到上帝面前；林书豪凡事寻求倚靠上帝的习惯，给你什么提醒？

**Q2** "机会是给准备好的人"，林书豪以努力锻炼取代等待的空白，现在的你可以为梦想作哪些准备？

# 从沙发客到球场明星

## Chapter 14

**豪小子语录**

我们只是试着彼此合作,
不管另一队到底表现如何,
比赛结果非常令人欣慰。
这是场重要的比赛,
我们很尊敬对手,
他们有很多伟大的球员。
很高兴能赢得胜利。
这是我的梦想,我要感谢上帝。

林书豪第一次首发出战犹他爵士队（Utah Jazz）的那个早上，尼克斯队的网站管理员在官网作了些更改：林书豪年轻焕发的笑脸在首页上迎接上网的球迷。营销部门则是发出最新动态电子邮件，主旨就是"林来疯！"

尼克斯队人手更加短缺。斯塔德迈尔因为哥哥车祸过世请丧假。安东尼上场试打，却因为腹股沟部隐隐作痛，6分钟以后就被迫离场。

林书豪上场的时机到了。

他以眩目的运球切入上篮，奠定了球赛的节奏。一记花俏的换手倒勾上篮，使得尼克斯队主场观众开始大喊："MVP! MVP!"他们显然还沉醉在欢庆状态中，因为心爱的美式足球纽约巨人队，前一天在第46届超级杯决赛，逆转打败爱国者队。

与犹他爵士队一战，林书豪拿下生涯最高纪录28分，显出他与网队之战拿下的25分绝非侥幸。林书豪面对14胜10败实力强大的队伍调度了一场胜战，在职篮联盟引起注意。不过尼克斯队那一周非常忙碌。周三他们到就近的华盛顿出战奇才队（Washington Wizards），然后周五回到主场与科比率领的湖人队比赛，周六接着又是客场比赛，出战明尼苏达森林狼队。

在美国首都等待林书豪的是约翰·沃尔。还记得他吗？2010年选秀会的状元，也是林书豪夏季联赛最后一场的对手。林书豪那次的表现无懈可击，因此赢得金州勇士队的一席之地。周三晚上，沃尔防守林书豪。林书豪胯下运球，呼啸而过，空档像是红海分开，而沃尔的球鞋好像钉在地板上。林书豪没有擦板上篮，而是跃起单手爆扣，连奇才队的主场观众也不禁叫好。

赛后林书豪说："我想他们的掩护做得不好。"①

记上林书豪的首次两双：23分，10次助攻，以107比93再度连胜。

一场海啸正在酝酿，但还没有达到高峰，那要在两天后，科比与湖人队来到麦迪逊广场花园才发生。但是目前看来，《纽约时报》专栏作家贝克（Howard Beck）写道："大家认为是侥幸，看起来不再那么侥幸了。神奇的现象没有消失，林书豪丝毫没有归为平凡的迹象，先不论平凡是什么。"②

洛杉矶湖人队来到大苹果（译注：纽约市昵称）踢馆，这是周五晚间充满着张力的一场大赛。两座美国大城的传奇性队伍交锋，而林书豪与科比的交锋，是那些报道尼克斯队动向的记者与电视台，绝不想错过的情节。

"林来疯"的导线点燃之后，林书豪当然终会面对到跟他同一天（不同年）生日的小飞侠科比。才华洋溢的湖人队在前三个赛季拿到两次冠军。33岁的湖人队明星球员科比，当然会给这个年轻人见点世面。只不过林书豪现在可没有再睡在哥哥家的沙发上了。

■纽约尼克斯队对上洛杉矶湖人队及强将小飞侠科比，林书豪拿下38分。该照片旋即登上了《运动画刊》杂志封面（2012年2月10日）。

他没有。不过是睡在队友菲尔兹的沙发上。在林书豪对网队那场突破性比赛的前一天,他在哥哥嫂嫂家用来安睡的舒适沙发,要预留给周五来玩的友人,所以他无处可去了。

菲尔兹听到他的困境,就说可以到他在尼克斯队训练中心附近的住处窝一晚。菲尔兹的客厅有一张又大又舒服的棕色沙发,平板电视、冰箱,洗手间也几步之遥。对菜鸟大学毕业生来说还夫复何求?

尼克斯队又成了热门队伍,林书豪与菲尔兹可不想改变"睡沙发赢球"的惯例。所以不管他愿不愿意,都要睡在那张沙发上。

那天晚上,美国与全世界媒体将镜头瞄准麦迪逊广场花园的盛况实在难以形容。到场的名人也众星云集,包括尼克斯队超级粉丝——电影导演斯派克·李(Spike Lee)、演员班·史提勒(Ben Stiller)、摔角选手兼演员巨石约翰逊(Dwayne Johnson),还有美式足球纽约巨人队的明星线卫贾斯汀·塔克(Justin Tuck)。

林书豪的结实肩膀要承受很多——不,是**极其**多——重责大任,成也是他,败也是他,所以你更应该赞赏他在当天晚上的表现。所有的压力、所有的炒作、所有的麦克风、所有的镜头,检视着每一细节,而他一点也没有退缩。

他的表现可说是出神入化,在科比与湖人队大军面前,拿下38分。他得分轻松写意,包括一开始13分中的9分,帮助尼克斯队遥遥领先。他的短距离跳投奇准,以神妙的转身晃过德里克·费舍尔(Derek Fischer)上篮,并且在左边线投出三分球。科比表现得也几乎一样神猛,在下半场拿下他34分里的24分。但是，那天尼克斯队以92比85赢得比赛，科比以输家之姿离开麦迪逊广场。

林书豪打赢科比与湖人队，可以证明他并不是昙花一现。大家称他为"台湾版的蒂博"，因为他影响整个团队，提升他们的球技，对自己的基督信仰既坦诚又热忱。

对林书豪的炒作只会愈来愈多。他真的有两把刷子，不是闹着玩的。加上对湖人队的胜利，他已经连续4场比赛至少拿下20分，并有7次助攻。

更重要的是，他在第一场全国现场转播的球赛，勇于接受挑战，打败了联盟里的顶级队伍。

## Good to Know

### 为慈善义卖

林书豪在2月10号以38分的表现优于科比的34分，他当天的球衣在charitybuzz.com网站上拍卖，赢家还可以拿到4张纽约与亚特兰大在22号的主场比赛门票，并且有机会见到林书豪一面。

拍卖底价从1100美元起跳，最后以42388美元成交！所有的钱捐给"花园梦想基金会"，该基金会宗旨是帮助面对困境的孩子实现梦想。林书豪对得标者与纽约球迷的回报是拿下17分，9次助攻，帮助尼克斯队以99比82赢得对亚特兰大老鹰队的比赛。

# THINK & ACT

**Q1** 面对比赛的重责大任与众人的目光，林书豪秉持怎样的态度？

**Q2** 林书豪以扎实的球技赢得比赛，也带动了团队士气。你是否也愿意以个人力量帮助团队？你可以怎么做？

# "林"氏造句法

## Chapter 15

**豪小子语录**

让大家在场上都能得到最大的发挥,也让我们的团队进攻更有破坏力。当有像菲尔兹、斯塔德迈尔和钱德勒这些强将,我只要把球抛向篮框,他们就能得分,让我看起来有如神助。

科比与湖人队输球打包回家。纽约客简直无法停止谈论林书豪，想头版标题的作者也忍不住用他的姓氏想出更多的双关语：

- Linspired——林激励
- Linsanity——林来疯
- Lincredible——林神奇
- Lindestructable——林（零）缺点
- Linternational——林（零）国界
- Linfinity——林无限
- Linpossible——林全能
- Linner——林赢家
- Linsprational——林光乍现
- Linderella——林灰姑娘
- Linsation——林轰动
- Lintendo——林（任）天堂
- LinDynasty——林氏王朝
- Linner-time——林氏航班

"林来疯"甚至进占星期天的主日讲台。位于纽约第六十八东街的"救赎主长老会"（Redeemer Presbyterian）牧师名叫林

约翰（John Lin），但与林书豪没有亲戚关系。他从《约翰福音》1章的"道成肉身"（Incarnation）引申，"如果你是尼克斯队球迷，或许可以称之为'林书豪上身'（Lincarnation）"的妙语。①

这只是俏皮话的冰山一角。在《美国传统英语字典》（*American Heritage Dictionary*）中，以in为字首的单字就有26页，平均每页有40个字，所以如果你想用Lin来玩文字游戏，有1080个可能的选择。

"我不知道Lin可以变出这么多花样，因为我们从来没想过，"林书豪对《纽约新闻日报》记者凯文·阿姆斯特朗（Kevin Armstrong）说，"我跟家人看了都会笑，我想我们都低估了人可以多么有创意。"②

战胜湖人队之后，尼克斯队另有个艰巨任务——隔天搭飞机前往明尼苏达州作客场比赛。在比赛开始跳球之前，林书豪与菲尔兹搞了个特别的赛前把戏，那是4天前与奇才队比赛的时候第一次发明的，后来才向大家透露个中意义。

两人在尼克斯队的板凳前面对面，林书豪在菲尔兹捧起的双手上作翻书状，然后一起假装拿下眼镜，放在无形的口袋里。最后，两人同时指向天。

好啦，这不像勒布朗·詹姆斯往空中洒滑石粉那么惊人，但还是颇为可爱。有不少博主猜想，大概是哈佛跟斯

▪ 林书豪与队友诺瓦克在对抗华盛顿巫师队的第二节中场，两人因得分而雀跃跳舞（2012年2月8日）。

坦福毕业的学生运动员之间的书呆子握手假动作之类的。其实，含义不止于此。

菲尔兹说，林书豪第一次首发后，两人想要弄个什么手势或动作，因为大家都在讲哈佛跟斯坦福的渊源。"我们想要在场上做些轻松，不太严肃的花样。"③

菲尔兹说，虚拟的"书"不是教科书，而是上帝的话语。"那是《圣经》，因为最终我们是为上帝的话语在打球，也是我们指向天的原因。"

同时，林书豪秀出了像百老汇一样的精彩。与明尼苏达森林狼队（Timberwolves）之战，他拿下20分，连续第五次拿到两双。他在比赛剩下4.9秒的罚投（第一球未中），让尼克斯队以99比98领先，在第四节绝地反攻后，奠定胜局。林书豪与尼克斯队都知道，这次100比98赢得惊险。林书豪前半场热呼呼拿下15分，但后来里基·卢比奥（Ricky Rubio）恢复他的防守，展现出联盟抢断王的架势。卢比奥迫使林书豪出现很多失误，甚至赏了他火锅，阻挡林书豪的上篮攻势。

不过就好像俗话说，小婴孩没有丑的，所以赢球就是赢球，没有所谓不体面的赢球。尼克斯队现在已经在斯塔德迈尔与安东尼的缺席下，连续拿下5场胜绩。加入夸赞林书豪的队伍也愈来愈长。

琥碧·戈柏（Whoopi Goldberg）在《观点》（The View）这个晨间谈话节目中，引以为傲地穿着尼克斯队17号球衣主持节目；前副总统候选人莎拉·裴琳（Sarah Palin）到纽约的时候，买了一件印有Linsanity的蓝色T恤，并举起来让记者拍照；地产大亨川普（Donald Trump）在《好莱坞星光大道》（Access Hollywood）节目上宣布，林书豪是真材实料，而且对纽约大有好处。

最爱打球的头号球迷也在密切注意他，美国总统奥巴马（Barack Obama）不但是篮球迷，也喜欢打篮球；他说自己也在注意林书豪的神奇故事，并且赞赏他最后时刻秒杀多伦多猛龙的那一球。

"这是个精彩的故事，总统很佩服林书豪，也完全知道最近的发展。"白宫发言人卡尼（Jay Carney）说，"我知道他看过林书豪打球，也看了昨天晚上的精彩比赛。"指的是林书豪如何当着猛龙队的后卫卡尔德隆，投进干净利落的致胜三分球。④

整个2月一直到在奥兰多的全明星赛，林书豪的表现水平一直都居高不下，上场时间也很多——共12场比赛，每场平均上场37.5分钟，得分22.5。

如果专家要在他的比赛里挑骨头，就是他的失误，总共68次，每场平均5.6次。

"林来疯"开启了尼克斯队七连胜，但在出战新奥尔良黄蜂队（New Orleans Hornets）后终于告一段落。林书豪不太能保护运球或是好好地穿针引线。上半场就有8个失误，全队命中率也不佳，尼克斯队落在无法逆转的困局。林书豪在后半场改进，只有一个失误，最后拿下全队最高的28分，5次助攻，4个抢断。

"是我表现得不够好，运球也太大意，"林书豪坦承自己的错误，"主要控球后卫有9个失误，是赢不了球的。所以顾好球，顾好整个比赛，是我的责任。"⑤

林书豪的统计表上还有两个"红字"——迎战多伦多猛龙队的难忘胜利有8个失误，对迈阿密热火队（Miami Heat）也有不漂亮的8个失误，那次热火队在前场的防守可说是又"热"又"火"。

失误的发生有不同方式：球被抢断，或是运球被盗，或是传球被截断。球员有时会犯球传出界、带球走步、两次运球，或是进攻犯规等失误。失误会让教练抓狂，通常是由于球员精神不集中，或心态上有误所导致。

控球后卫特别容易失误，因为通常七成的比赛时间，球在他们手上。林书豪因为攻击防守与带球上篮的强悍作风，更容易造成失误。

强攻禁区，虽然冒险，但也有报酬。通常都是好结果：林书豪或是单手上篮，或是把球传给在边线有空档的队友。就是这种犀利的切入，让纽约尼克斯队在全明星赛前，以9胜3败的战绩赢了不少比赛。

纽约尼克斯队球探经理盖布瑞尔表示，林书豪的头脑战术也是扭转尼克斯队赛季表现的关键。"我认为林书豪有自信与能力，根据在球场上观察到的状况随机应变，并跟队友和教练沟通。别忘了他只是个菜鸟，却展现出成熟的领导素质，这是需要多年培养的珍贵特质。"

盖布瑞尔也很欣赏林书豪的"只管好好赢球"的比赛心态。如果这意味着他要投关键球，他就去投；如果是要传给手气很好的队友，他也绝对照做。林书豪帮助队友得分比他自己投进还要更兴奋，这显示了一个好控球后卫的态度。

盖布瑞尔说："如果你跟林书豪一起在场上，只要你有空档，保证他会找到你。"林书豪找空档队友的表现优异，在他比赛的场次中有过半拿下十几次助攻。他也即将尝到，在周末全明星赛成为最受欢迎球员的滋味。

■ 林书豪与队友费尔兹两人在赛前所做的"基督徒书呆子击掌法"。

## GOOD to KNOW

**林书豪与队友菲尔兹的
"基督徒书呆子击掌法"
(The Christian Nerd High Five)**

动作一：双方相互击掌。
动作二：两人假装戴上眼镜。
动作三：菲尔兹摊开双手，作势翻阅《圣经》，然后递到林书豪面前。
动作四：林书豪快速翻阅后，菲尔兹把书合上。
动作五：两人一同收起眼镜。
动作六：把眼镜放进上衣口袋。
动作七：最后高举右手，伸出食指指向天上，向上帝宣告会在比赛中尽力而为，把比赛交给上帝。

## THINK & ACT

**Q1** "奉耶稣的名打球"是林书豪每次上场的心态。在你的生活中，有哪些方面，也会为了一个更高的目标而努力？

**Q2** 林书豪勇于坦承失误，承担全队输球的结果。他这样的态度，如何成为你的榜样？

# 明星赛来袭

## Chapter 16

**豪小子语录**

在明星赛这段休息时间结束后，
希望尼克斯队能有更好的表现，
我也希望随着赛季进行，
大家不会光是关注我，
而是谈整支球队。

林书豪与迈阿密热火队比赛之后留在佛罗里达，因为他在最后一刻被选入NBA新秀挑战赛，将于2012年2月24日全明星赛两天前举行。"林来疯"兴起之前，18名球员已经挑选出来，但是NBA总裁大卫·史腾在教练"大鲨鱼"奥尼尔与"恶汉"巴克利（Charles Barkley）挑选队员之前，适时将林书豪加入名单。

骑士选了洛杉矶快船队的灌篮巨兽格旦芬之后，就相中林书豪。新秀挑战赛是场极其随兴的比赛，不打防守战。巴克利队以146比133击败骑士队。连续两天比赛，并跃居世界明星地位，林书豪需要休息了。

连应付媒体邀约都快成了全职工作。新秀对抗赛开打前，林书豪走进挤满一百多名记者的房间，每个人都拼命写下他说的每句话，并希望能问到问题。其他球员当天上午都已经接受采访，但采访林书豪的要求太多，NBA为他单独举行了记者会。

林书豪是美职篮联盟里唯一的亚裔球员这件事，一再被提起。他诚实回答所有问题，甚至承认种族因素可能使他的NBA之路更加困难。

"我觉得，很明显你们看我是因为我是亚裔，我要更加、一次又一次、再一次证明自己的能力……"林书豪说，"我已经学会承受，也激发我的战斗力。我以身为亚裔为荣，I love it！"①

林书豪本来也是隔天"2012雪碧灌篮大赛"的成员之一，在灌篮赛中，NBA上演最强的飞人表演"你能再超过吗？"（Can You Top This? 译注：美国一个讲笑话接龙的广播节目）的灌篮接龙版。格里芬曾经跃过一台起亚（Kia）汽车，赢得2011年灌篮大赛。

林书豪自己当然没有打算表演灌篮特技，但是他的队友香珀特有个主意。菲尔兹把一个盖着白床单的棕色沙发，推到篮板附近，林书豪就"睡"在里面。到时候，菲尔兹拉开床单，林书豪弹起来扔个空中接力球给香珀特，让他跃过沙发扑向篮框（重演格里芬的跃过起亚），狂猛灌篮，然后跃下与林书豪坐在沙发上。此时菲尔兹拿来一罐雪碧给香珀特。然后与哥儿们坐在一起。

至少，这是他们的计划，林书豪在新秀对抗赛场边接受TNT电视台记者访问的时候这么说。"但我们没有机会表现。"林书豪笑说，因为香珀特临时受伤，只好退出灌篮比赛。"不过这实在是个超有创意、超赞的点子。"

记者问他说："你还睡在沙发上吗？"指的是队友菲尔兹住处的棕色沙发。当"林来疯"最狂热的时候，菲尔兹将这张本来在客厅里的普通棕色沙发，却因林书豪睡过而变成最有名的沙发照片贴在Twitter上，公布给全世界看，并且开玩笑写道："拍卖开始。"

林书豪听到记者的问题，不禁笑出来。"我有自己的地方了。"他咧嘴说道。

林书豪终于不用再睡菲尔兹的沙发，搬进自己的公寓了，因为尼克斯队保证这一年付他762195美元的薪资（实际上因为赛季缩短，他只拿到609756美元）。这张支票使他的账户生色不少，但按照NBA的行情，这是美国职篮联盟付给第二年球员的最低薪资。

■ NBA原本已选出参加新秀对抗的18名球员，但在林书豪前5场先发136分之后，在各界的期盼下，NBA终于破例将林书豪及热火队新秀科尔（Norris Cole）增补过来，让两队在2月24日捉对作战。

他是尼克斯队收入倒数第二低的球员（安东尼与斯塔德迈尔的年薪是1800万美元），但赛季结束，他成为受限自由球员，可以预见这个待遇一定会调整。在NBA的团体谈判协议与薪资上限的复杂系统中，林书豪的收入在下个赛季预计会调到500万美元。但是这笔丰厚的金钱，比起他可能从场外赞助厂商获得的收入比起来，算是小巫见大巫。

想到林书豪原先没有多少行李，从菲尔兹的公寓搬到"纽约市区旅馆"出租的第38层两居室住处，这简直像是金钱版的大富翁游戏。他的住处可以看到自由女神的美景。这个曼哈顿单身小窝原本月租是13000美元，听说我们的17号球员拿到了非常低的折扣。

还好林书豪的新住处配备齐全，因为他没什么时间去采买家当，而要忙着跟安东尼与斯塔德迈尔，以及其他尼克斯队队友建立默契，希望能带领这批"大苹果"打进季后赛。

如果2011～2012年的赛季结束后，林书豪回到西岸，回到家乡帕洛阿尔托，或者更西进到亚洲，也不会令人意外。

因为，他在自己祖籍的家乡比在美国更受欢迎。

## GOOD to KNOW

### 有人脑袋"冻"坏了

大本营在佛蒙特州的"班&杰瑞冰淇淋"(Ben & Jerry's)想要抢钱,实时制作了限量口味的"一品林来疯",但是他们判断失误了。

这个口味的冰淇淋成分如下:香草优格、蜂蜜,以及压碎的签语饼,最后一样东西在消费者的口中留下令人难以消化的感觉:有人认为这是蔑视亚裔。

"班&杰瑞冰淇淋"为此公开道歉,并且以压碎的格子饼干代替了这种让人感觉被侮辱的材料。

## THINK & ACT

**Q1** 亚裔身份曾是林书豪NBA之路的阻力,但后来众人对他不再有异样眼光。你觉得为何会有这样的改变?

**Q2** 在"林来疯"的故事中,队友们扮演什么角色?在你的生活中,谁是你并肩作战的队友?你有没有这样的一群队友?

# Chapter 17 亚洲热

**豪小子语录**

球员需要有正确的饮食,加上持续的训练,才能让身体变得更强壮,我就是这么练的。
(林书豪给台湾篮球营小朋友的建议)

林书豪的亚洲血统在亚洲各地造成狂热,特别在中国,反应特别强烈。他是运动谈话节目的热门话题,名字在中国最大的搜索引擎百度(Baidu)也位列前茅。

林书豪的窜起对NBA是个大好时机,因为他们最大的海外市场就是中国。休斯敦火箭队226厘米高的姚明,因为两个赛季后脚与脚踝旧伤不愈,严重限制了他的出赛,因此于2011年夏天宣布退役,在中国出现没有篮球英雄的真空状态。

林书豪很显然是"明"世代的继承人,而你可以用所有的人民币赌定,职篮老板们会以林书豪作为NBA王国的全球代言人。林书豪从小跟父母学会说普通话,但不够流利。他们用普通话对他讲话,他以英文回答,就像很多孩子一样,出了家门口只肯说英文。

林书豪说:"我的普通话听力比讲的能力好很多,可以再加强。"[1]他在哈佛修过中文课,以改进自己的听写能力。

林书豪在2010年与金州勇士队签新手合约后,马上接到姚明的电话,请他加入"姚明基金会"在台湾的慈善活动,帮助篮球训练营的孩子,并且在台北打慈善篮球赛。林书豪与父母兄弟立刻把握机会参与。

在台北的比赛,林书豪拿下17分。他所属的"Love美国明星队"包括"雄鹿"的詹宁斯(Brandon Jennings),"猛龙"的约翰逊(Amir Johnson),"灰熊"的塔比特(Hasheem Thabeet)。带过

林书豪小时候的祖母林朱阿面仍住在台湾，也来替孙子加油。他们的对手"新联心队"有上海大鲨鱼队以及台湾超级篮球联赛（SBL）的明星球员。上海大鲨鱼队的老板正是姚明，他与林书豪在这次慈善之旅一见如故，从此保持联络。在NBA封赛期间，姚明打算签下林书豪替"大鲨鱼"打球，但是被林书豪婉拒，因为离开美国在中国打球，很可能会终结他在NBA有番作为的梦想。

欧联强队以色列特拉维夫的马卡比篮球俱乐部，以及意大利的泰拉莫篮球俱乐部也对林书豪有兴趣。他若是能在以色列圣地打球，也会是一桩佳话。

林书豪在金州勇士队的新手赛季结束后，回到亚洲两次。2011年他首度访问中国，在平湖的中学打了一场友谊赛，并且拜访了浙江老家，所到之处都有电视与摄影工作员跟随在后，马上掀起一阵风潮。中国有些官员甚至强调他的中国背景，因为他的外祖母在中国长大。

几个月后，林书豪在9月封馆期间，第二次拜访中国，替ABA俱乐部在广州比赛的东莞新世纪球队打了几场球。他当选最有价值球员，在中国媒体成了大新闻。

当时林书豪还不太在意媒体的关注，但是，当"林来疯"2012年席卷全球之后，他开始为亲友担心，特别是85岁的祖母。狗仔队彻夜守在林朱阿面门外，跟着她到

▎林书豪在金州勇士队期间的返台之旅。身为第一位打进NBA的华裔美籍球员，在记者会上，林书豪保持一贯谦虚、亲切的态度（2010年7月28日）。

每个地方。刚开始她还愿意合作,甚至公开林书豪的婴儿照片,也接受采访。

她说:"我不懂篮球,我只知道书豪把球放进篮框里,就是好事。"② 但媒体来势汹涌,她承受不住了。林书豪呼吁记者给他的家人空间。名声所带来的压力很大(甚至波及其他的亲戚)。因此,若为林书豪能够刚强而祷告,是个不错的主意。

▌林书豪与最近退役的火箭队中锋姚明在台北举行的慈善比赛前握手。林书豪与其他几位NBA球员组成"Love美国明星队",他本人拿下17分(2010年7月28日)。

## Good to Know

### NBA 的少数族群

NBA估计中国有3亿人打篮球（作为参考对照：美国总体人口3.11亿）。虽然有这么多中国人打篮球，但只有几个人登上篮球的最高殿堂。

### 姚明

226厘米的姚明不是NBA最高的选手，以前还有另外两名选手跟他一样高。但他比加索尔（Pau Gasol）、诺维斯基、大鲨鱼奥尼尔都高出15厘米。他在休斯敦的8个赛季伤病连年，并不妨碍他成为亚洲篮球的代表人物。当他健康的时候，是职篮联盟最有威力的中锋，平均每场比赛拿下19分，2.5个篮板。

### 易建联

2011～2012年的赛季，易建联替小牛队打前锋。这名身高213厘米的球员，在他的5年职篮生涯换了4个球队。最好的成绩是2008～2009年赛季，在新泽西网队每场平均拿下12分。

### 孙悦

这名身高210厘米的球员，在2008～2009年赛季，只替洛杉矶湖人队打了有限的6场比赛。他是第五名加入NBA的中国球员。

### 巴特尔

巴特尔于2001～2003年赛季在NBA打球。这名身高211厘米的中锋在丹佛掘金队表现得最好，2001～2002年赛季，平均得分是5.1。

### 王治郅

达拉斯小牛队于1999年选拔会第二轮选中这名身高213厘米的中锋。王治郅于2000年加入小牛队，成为第一位在NBA打球的中国选手。他在达拉斯的头两个赛季成绩最好，每场平均得5分。

# THINK & ACT

**Q1** 林书豪把握机会参与慈善活动。每个人都可以有一些力量帮助一些人，你可以如何帮助别人呢？

**Q2** "林来疯"也吹到了中国。林书豪的奋斗经历与基督信仰，带给你什么省思？

# 为林书豪祷告

## Chapter 18

豪小子**语录**

如果我变了,
请你们一定要告诉我。

**尼**克斯队每次在麦迪逊广场花园比赛之前，由约翰·罗夫（John Love）牧师为球员举行一个小型礼拜。他从1983年起，在巴的摩尔一间教会（Greater Grace World Outreach, Baltimore）担任青年部牧师，每次开车321公里，到纽约主持礼拜。他忠心服事，做尼克斯队队牧已经25年，开了65万公里。

罗夫牧师保持低调，这也是整个NBA队牧的作风。很多球迷并不知道，每个NBA比赛前，都会举行礼拜，不论是正规赛季，还是季后赛，邀请双方球员同时参加。

这是个对球员公开的集会，因此与其他运动比赛前的礼拜不同。其他的运动，对手会参加另一个聚会。

比赛前一小时，主场队牧邀请双方自愿的球员参加这个简短的聚会，有时唱一首敬拜诗歌，有时队牧用15分钟分享经文与《圣经》的教导。基本目标是要装备球员活出荣耀上帝的生活，并鼓励他们面对诱惑要坚定。

最后，球员彼此分享代祷事项，或是就队牧的信息发问。讨论要简短，因为球员要上场热身。

当林书豪刚加入金州勇士队，他很惊讶球员可以心思柔软地敬拜上帝。然后上场又是激烈比赛，并且犯规下手毫不留情。但他很享受礼拜时间。

他说："能看到另一队的基督徒蛮酷的。很多NBA球员都来参加，我非常享受。"

2012年1月27日，"林来疯"窜起前一周，林书豪从迈阿密的美航体育馆（Miami's American Airlines Arena）的更衣室出来，去参加礼拜。两队只有几个人，包括迈阿密热火队前锋哈斯勒姆（Udonis Haslem），他经常参加这个20分钟的聚会。

队牧分享完灵修经文，问大家有没有代祷事项。

林书豪举手说："希望我不会再被释出。"[1]

那时候，他的NBA生涯还很脆弱，网队之战的耀眼表现还是未知数。

上帝用一种大能的方式回应了他的祷告，NBA也应该为此高兴。想想看，有可能是林书豪挽救了2011～2012年的正规赛季。在2011年11月封赛的黑暗期，美国大众好像并不在意有没有篮球比赛，他们都着迷于"蒂博热"之中。不到季后赛，没什么人会注意NBA，不是吗？

然后，林书豪出现了。他让NBA又精彩起来。不管个人忠于哪个球队，都替他加油。林书豪的故事将会流传千古，是一则让球迷，甚至不太注意篮球的人，也能够引起共鸣的励志故事。林书豪在短时间内所创造出的成就，它的意涵远不只是第一位华裔美籍人加入NBA而已。

林书豪这种故事应该百年难得一见。一名未获选拔的菜鸟，每次在NBA比赛只上场几分钟，却从冷板凳呼啸而起，在纽约这个媒体圣地，彻底扭转整个球队的局面，实在令人太难以想象。但是的确发生了，难怪大家都起立替这名总是被别人看衰的"小兵"欢呼。

甚至在"林来疯"之前，林书豪也会遇上一些疯狂情境。2011年夏天，一票"教会观光客"跑去山景城基督徒会堂，要找林书豪签名，与他拍照。后来陈光耀牧师只得在讲台上宣布，林书豪不会为大家签名或一起拍照，请不要打扰他。

但是陈牧师也跟别人一样，没有预见会有"林来疯"。他说："我不知道有谁能预见，林书豪会在一夜之间成为全球的象征性人物。"

纽约媒体很快追查到山景城的陈牧师。他们想要知道信仰在林书豪打篮球中所扮演的角色，以及信仰如何帮助他历经众多失望。陈牧师觉得这类问题好像把上帝当成是天上的提款机——只要你努力祷告得够，努力相信得够，上帝就会祝福你，想要什么就给你什么。

陈牧师耐心地对他们解释，事情并非如此运作。他指出，林书豪的目标是顺服与真诚的敬拜。当然了，他在困难时刻转向上帝，以及祂的话语，也常提到《罗马书》5章3～5节是他最喜爱的经文："即使在患难中，我们仍然喜乐，因为我们知道患难培养忍耐，忍耐产生毅力，毅力带来盼望。这盼望不会使我们失望，因为上帝藉着祂赐给我们的圣灵，把祂的爱浇灌在我们心里。"林书豪的成功不是单单藉着他的能力与意志赢取的，而是因着上帝的恩典，因着某个理由而发生的。

所以林书豪成就了什么？未来又会出现什么？

又有谁知道答案呢？但这就是运动的美妙，也是人生的未知。你不知道将会发生什么事。

当本书送到印刷厂的时候，林书豪的故事继续令世界各地千千万万的人着迷。大家从心底喜欢他，也理当如此。他们发现林书豪是个不平凡的年轻人，有着不平凡的领导技巧，特殊的运动才华，以及在基督里的真挚信仰。

"当我的篮球生涯结束,坐下来回顾的时候,我希望自己已经尽了一切努力,为了上帝的荣耀而行。"林书豪说道,"为上帝的荣耀而行,意味我希望在场外也能以NBA球员的身份做很多事情,来影响世界。我很感激能有这个平台。但是我希望大家不要忘了整个球队。因为没有球队,我什么也不是。"②

事情发生得如此之快,在运动、信仰、名声、文化的缤纷交会处开花结果。

为林书豪跨越繁忙的人生路,能同时注意马路的两边风景而祷告。

为林书豪能继续握紧上帝的手而祷告。

## GOOD to KNOW

### "林来疯" vs "蒂博热"

你们可曾注意到,在美国讨论最热门的两位运动员是名叫林书豪(Jeremy Lin)与提姆·蒂博(Tim Tebow)的基督徒。

这两名年轻人不隐瞒自己是基督的忠心门徒,但也不把信仰用说教、强势的方式"填塞"绐人。他们为人真诚,对自己的成就谦虚,把荣耀归给上帝。

2012年2月23日出版的《时人》(People)杂志,在一篇报道开头就说:"他们是美国运动界两个最响当当的名字,现在成了好朋友。"③

林书豪在哈佛"亚裔基督徒团契"的导师谭艾德透露消息说:"两人已经通过电话。林书豪一直都是蒂博的粉丝,但最近才有联络。他对我说,蒂博人很好,也给他许多启发。"

## THINK & ACT

**Q1** 读完整本书,你最深的感想是什么?请分享。

### 林书豪小档案

| | |
|---|---|
| 中文姓名 | 林书豪 |
| 英文姓名 | Jeremy Lin |
| 生日 | 1988年8月23日 |
| 身高 | 191厘米 |
| 体重 | 91公斤 |
| 学历 | 哈佛大学经济系 |
| 所属球队 | 2011年签约纽约尼克斯队，2012年夏天，转会休斯敦火箭队 |
| 球衣号码 | 17号 |

# 林书豪的NBA篮球路

| | |
|---|---|
| **2005年**<br>高中时期 | ■ 加入帕洛阿尔托高中篮球校队,后担任队长。<br>■ 2006年获得加州校际联盟总冠军。 |
| **2007年**<br>大学时期 | ■ 加入哈佛大学赤红队。<br>■ 获NCAA常春藤联盟分组冠军、NCAA年度十大最佳球员。 |
| **2010年**<br>夏季联赛 | ■ 哈佛大学毕业后,在NBA选秀会上未获球队青睐。<br>■ 获达拉斯小牛队邀请参加夏季联赛,与金州勇士队签约。<br>■ 成为继艾德·史密斯(Ed Smith)之后,NBA第二位毕业于哈佛的球员。 |
| **2011年**<br>金州勇士队时期 | ■ 多次被下放到发展联盟雷诺大角羊队。<br>■ 12月9日被释出,随即被休斯敦火箭队签下。 |
| **2011年**<br>休斯敦火箭队时期 | ■ 因火箭队已有足够控球后卫,就在赛季开打前一天(12月24日)被释出。12月27日旋即被纽约尼克斯队签下。 |
| **2012年**<br>纽约尼克斯队时期 | ■ 1月17日被下放伊利海鹰队,随即又被召回。<br>■ 2月4日因主力球员受伤,林书豪替补上场,获得全场最高25得分,取得首发机会。 |

**news**

**2012年**
**重返休斯敦火箭队**

2011~2012年赛季结束后,林书豪成为自由球员,7月20日与休斯敦火箭队签下合约,将在下个赛季为火箭队效力。

## "林来疯"的七连胜

| 日期 | 对手 | 比赛结果 |
| --- | --- | --- |
| 2/4 | 新泽西网队 | 99:92 |
| 2/6 | 犹他爵士队 | 99:88 |
| 2/8 | 华盛顿奇才队 | 107:93 |
| 2/10 | 洛杉矶湖人队 | 92:85 |
| 2/11 | 明尼苏达森林狼队 | 100:98 |
| 2/14 | 多伦多猛龙队 | 90:87 |
| 2/15 | 萨克拉门托国王队 | 100:85 |

# NBA 球队一览表

| | |
|---|---|
| Golden State Warriors | 金州勇士队 |
| Los Angeles Clippers | 洛杉矶快船队 |
| Los Angeles Lakers | 洛杉矶湖人队 |
| Phoenix Suns | 菲尼克斯太阳队 |
| Portland Trail Blazers | 波特兰开拓者队 |
| Sacramento Kings | 萨克拉门托国王队 |
| Oklahoma City Thunder | 俄克拉荷马雷霆队（原西雅图超音速队） |
| Dallas Mavericks | 达拉斯小牛队 |
| Denver Nuggets | 丹佛掘金队 |
| Houston Rockets | 休斯敦火箭队 |
| Minnesota Timberwolves | 明尼苏达森林狼队 |
| San Antonio Spurs | 圣安东尼奥马刺队 |
| Utah Jazz | 犹他爵士队 |
| Memphis Grizzlies | 孟菲斯灰熊队（原温哥华灰熊队） |
| Miami Heat | 迈阿密热火队 |
| New York Knicks | 纽约尼克斯队 |
| Philadelphia 76ers | 费城76人队 |
| Orlando Magic | 奥兰多魔术队 |
| Boston Celtics | 波士顿凯尔特人队 |
| Brooklyn Nets | 布鲁克林篮网队（原新泽西网队） |
| Washington Wizards | 华盛顿奇才队 |
| Atlanta Hawks | 亚特兰大老鹰队 |
| New Orleans Hornets | 新奥尔良黄蜂队 |
| Chicago Bulls | 芝加哥公牛队 |
| Cleveland Cavaliers | 克里夫兰骑士队 |
| Detroit Pistons | 底特律活塞队 |
| Indiana Pacers | 印地安纳步行者队 |
| Milwaukee Bucks | 密尔沃基雄鹿队 |
| Toronto Raptors | 多伦多猛龙队 |
| Charlotte Bobcats | 夏洛特山猫队 |

## 篮球小辞典

### NBA

"美国国家篮球协会"（National Basketball Association）的简称。NBA成立于1946年，为美国第一大职业篮球组织，共有30支球队，分属东部联盟和西部联盟两个联盟（Eastern Conference、Western Conference）；而每个联盟各由3个赛区（Division）组成，分别是东部联盟的大西洋赛区、中部赛区、东南赛区，以及西部联盟的西南赛区、西北赛区、太平洋赛区，每个赛区各有5支球队。30支球队当中有29支位于美国本土，另外1支来自加拿大的多伦多。NBA前身是美国篮球协会（BAA），1949年改名为国家篮球协会（NBA）并沿用到如今。

### NBA赛制

常规赛从每年的11月初开始，至第二年的4月20日左右结束。季后赛从4月下旬开始到6月中旬产生总冠军为止。每个球队平均打82场循环赛，比赛采用主客场制，球队互相间比赛场数不等，同一赛区同一联盟的球队相互间各赛4场，不同联盟之间的球队相互间比赛2场。常规赛结束后，按照比赛胜率（胜场数／82）的高低排出东、西区的前8名，共16支队伍参加季后赛，季后赛采取淘汰制。第一轮和第二轮（东、西部联盟半决赛）采用5战3胜制（2，2，1，即排名靠前的先打两个主场，再打两个客场，最后一场回主场），第三轮（东、西部联盟决赛）和NBA东西部的总冠军赛均采用7战4胜制（2，3，2）。

### 发展联盟

"国家篮球协会发展联盟"（NBA Development League，简称D-League），分为东、西两区，共16支队伍。接纳NBA伤兵及新人，以磨练实战经验。

### 全明星赛

在每年2月，常规赛将会暂停一周来举行一年一度的NBA全明星赛（All-Star Game）。美国及加拿大当地球迷会对全明星首发阵容进行投票，全世界球迷也可以通过互联网来投票，选出心目中最佳的明星球员。东西部联盟各个位置得票最高的球员将获得首发，其余14名球员由各队教练投票选出。全明星教练则是由全明星赛两周前东西部成绩最好的球队教练担当（可以多次担任，但不能连任）。东西部联盟获胜一方表现最优异的球员将获得全明星赛MVP（通常是得分最高的球员）。

## 最有价值球员

NBA最有价值球员，通常简称为MVP（Most Valuable Player），是由美国国家篮球协会颁发给每年表现最优秀的球员的奖项。

## 受限制自由球员

受限制自由球员（Restricted Free Agent，简称RFA）可以和其他球队签约，但原队有权以该球员上个赛季年薪的12.5%优先续约，如果该队员接受了其他球队的开价，原队则有15天时间考虑，以同样的价格挽留这名球员，否则原队将在没有任何补偿的情况下失去这名球员。

## 24秒进攻时限

指的是进攻方的进攻时间。进攻方必须要在24秒内出手，如果24秒钟到了球却还没有出手，或是及时出手了，但球在空中时间到，最后却没碰到篮框，也算违例。

## 篮球赛事五人位置

| | |
|---|---|
| 控球后卫 | 控球后卫（Point Guard，简称PG）为全队保护运球过半场的最佳人选，是机会进攻的发动者并执行掌控全场灵活组织的机制，带动全队攻守节奏功能。需有快速移位、运球切入、妙传助攻技巧、高命中率的三分线、指挥攻守节奏战术的本领。 |
| 得分后卫 | 得分后卫（Shooting Guard，简称SG）是全队的第二控球员及发动攻势的人，能锋能卫，破坏力特别强，他的外线投射能力与稳定性要非常好。以个人单打与急停跳投稳定强大的攻击火力，随时得分。 |
| 中锋 | 中锋（Center，简称C）一般都由队中最高的球员担任，传统上强调篮下的防守以及篮板球的保护。由于具有身高的优势，一些具备进攻天分的中锋球员也常常成为在禁区附近投篮得分的主要进攻点。 |
| 大前锋 | 大前锋（Power Forward，简称PF）具备的条件是身材高大，篮板能力佳，灵活、居中策应分球，并支应助攻、助守、掩护、阻挡等。除此之外，中距离投篮，低位单打都具有独特功夫，属球场上第二中锋。 |
| 小前锋 | 担任小前锋（Small Forward，简称SF）这个角色的球员，首先要有良好的体型与速度，控球、传球能力，能运球过人、切入或空手切入接球上篮得分；他有外线远投的能力，必要时能在禁区单打，破坏之能力。 |

# 附 注

### Chapter 1
① Robert Klemko, " 'Linsanity' Crosses Border as Knicks Beat Raptors," USA Today, February 15, 2012, 见于 http://www.usatoday.com/sports/basketball/nba/story/2012-02-14/Linsanity-crosses-border-as-Knicks-beat-Raptors/53098444/1
② 同上。
③ Mason Levinson and Scott Soshnick, "Jeremy Lin Files Patent Office Request to Trademark 'Linsanity,' " Bloomberg Businessweek, February 23, 2012, 见于 http://www.businessweek.com/news/2012-02-23/jeremy-lin-filespatent-office-request-to-trademark-linsanity-.html

### Chapter 2
① Peter May, "Harvard prodigy Jeremy Lin Returns," ESPNBoston.com, March 3, 2012, 见于 http://espn.go.com/boston/nba/story/_id/7643951/harvardprodigy-jeremy-lin-returns-new-york-knicks-face-bostonceltics
② Erik Matuszewski, "Jeremy Lin Has Opponents Targeting Knicks as Heat's LeBron James Awaits," Bloomberg Businessweek, February 23, 2012, 见于 http://www.bloomberg.com/news/2012-02-23/jeremy-lin-hasopponents-targeting-knicks-as-heat-s-lebron-james-awaits.html

### Chapter 3
① "Lin Book Soon, Taiwan School Show Knicks Games," USAToday.com, February 22, 2012, 见于 http://www.usatoday.com/sports/basketball/nba/story/2012-02-22/Lin-book-soon-Taiwan-schools-show-Knicks-games/53204814/1

### Chapter 4
① Arash Ghadishah, "Jeremy Lin's High-School Coach Recalls a Star on the Rise," The Daily Beast, February 18, 2012, 见于 http://www.thedailybeast.com/articles/2012/02/18/jeremy-lin-s-high-school-coach-recalls-a-staron-the-rise.html

### Chapter 5
① Sean Gregory, "Harvard's Hoops Star Is Asian. Why's That a Problem?" Time magazine, December 31, 2009, 见于 http://www.time.com/time/magazine/article/0,9171,1953708,00.html
② Tim Keown, "Jeremy Lin's HS Coach Is Surprised, Too," ESPN.com, February 14, 2012, 见于 http://espn.go.com/espn/commentary/story/_/id/7574452/jeremy-lin-high-school-coach-surprised-too
③ Eric Branch, "Jeremy Lin's Rise From Ordinary Guy to Sensation," the San Francisco Chronicle, February 23, 2012, and available at http://www.sfgate.com/cgi-bin/article.cgi?f=/c/a/2012/02/23/

MN2N1NE2OL.DTL
④ 同上。

## Chapter 6
① Ghadishah, "Jeremy Lin's High-School Coach Recalls a Star on the Rise."
② Chuck Culpepper, "An All-Around Talent, Obscured by His Pedigree," The New York Times, September 14, 2010, 见于 http://www.nytimes.com/2010/09/15/sports/basketball/15nba.html
③ Myrna Blyth, "Meet Jeremy Lin's Tiger Mom," thirdage.com, February 17, 2012, 见于 http://www.thirdage.com/celebrities/jeremy-lins-tiger-mother

## Chapter 7
① Pablo S. Torre, "From Couch to Clutch," Sports Illustrated, February 20, 2012, 见于 http://sportsillustrated.cnn.com/vault/article/magazine/MAG1194909/index.htm
② Chris Dortch, "Harvard Was Perfect Place for Lin to Hone Guard Skills," nba.com, February 17, 2012, 见于 http://www.nba.com/2012/news/features/chris_dortch/02/17/lin-college-break/index.html
③ "Jeremy Lin: Taking Harvard Basketball to New Levels," published in InterVarsity's Spiritual Journeys page, March 12, 2010, 见于 http://www.intervarsity.org/studentsoul/item/jeremy-lin
④ 同上。

## Chapter 8
① "Jeremy Lin: Taking Harvard Basketball to New Levels."
② 摘自哈佛运动网页 "What They're Saying About Harvard Basketball and Jeremy" December 11, 2009, 见于 http://www.gocrimson.com/sports/mbkb/2009-10/releases/091210_MBB_Quotes
③ Pablo S. Torre, "Harvard School of Basketball," Sports Illustrated, February 1, 2010, 见于 http://sportsillustrated.cnn.com/vault/article/magazine/MAG1165302/1/index.html
④ Poor Man's Commish, "Jeremy Lin: The New Steve Nash, making Asian-American History Tonight in Santa Clara, of all places," goldenstateofmind.com, January 4, 2010, 见于 http://www.goldenstateofmind.com/2010/1/4/1232730/jeremy-lin-the-new-steve-nash

## Chapter 9
① Ed Welland, "NBA Draft Preview 2010: Jeremy Lin, G Harvard," hoopsanalyst.com, 见于 http://hoopsanalyst.com/blog/?p=487
② Tim Kawakami, "Lacob Interview, Part 3: On Jeremy Lin, Ellison, Larry Riley, Bold Moves, and Poker," Talking Points website, August 17, 2010, 见于 http://blogs.mercurynews.com/kawakami/2010/08/17/

lacobinterview-part-3-on-jeremy-lin-ellison-larry-riley-bold-movesand-poker/

### Chapter 10

① Samantha Gilman, "Sustaining Faith," World magazine, February 16, 2012, and available at http://www.worldmag.com/webextra/19193
② 同上。
③ 同上。
④ Dan Duggan, "Jeremy Lin's Teammates Are Enjoying Linsanity' as Much as Anyone," Boston Herald, February 17, 2012, 见于 http://www.bostonherald.com/blogs/sports/oncampus/?p=415

### Chapter 12

① 训练时间表摘自 Keown, "Jeremy Lin's HS Coach Is Surprised, Too."
② Daniel Brown, "Bay Area Trainers Helped Make Knicks Guard Jeremy Lin Better, Stronger, Faster," Silicon Valley Mercury News, February 23, 2012, 见于 http://www.mercurynews.com/top-stories/ci_20033514
③ Marcus Thompson II, "Exclusive: Jeremy Lin Says Faith in God Triggered 'Lin-Sanity,' " Silicon Valley Mercury News, February 13, 2012, 见于 http://www.mercurynews.com/jeremy-lin/ci_199548774. Tom Van Riper, "Lin Could Have Added $10 Million to Warriors Value," Forbes, February 14, 2012, 见于 http://www.forbes.com/sites/tomvanriper/2012/02/14/lin-could-have-added-10-million-to-warriors-value/

### Chapter 13

① Michael Moraitis, "New York Knicks: Jeremy Lin Isn't the Only Right Move GM Glen Grunwald Has Made," bleacherreport.com, February 22, 2012, 见于 http://bleacherreport.com/articles/1076278-newyorkknicks-jeremy-lin-isnt-the-only-right-move-gm-glen-grunwaldhas-made
② Sean Brennan, "Harvard grad Jeremy Lin claimed off waivers by NY Knicks; Asian-American guard offers back court insurance", New York Daily News, December 27, 2011, 见于 http://www.nydailynews.com/sports/basketball/knicks/harvard-grad-jeremy-lin-claimed-waiversny-knicks-asian-american-guard-offers-backcourt-insurancearticle-1.997304
③ 同上。
④ Erik Qualman, "Jeremy Lin: Lin-Sanity Hits Twitter @JLin7," socialnomics.com, February 15, 2012, 见于 http://www.socialnomics.net/2012/02/15/jeremy-lin-linsanity-hits-twitter-jlin7/5.
⑤ Jeff Zillgitt, "Jeremy Lin Humbled, Humorous During All-Star Weekend," USA Today, February 25, 2012, 见于 http://www.usatoday.com/sports/basketball/nba/knicks/story/2012-02-25/jermey-lin-all-starweekend/53244342/1

⑥ Thompson II, "Exclusive: Jeremy Lin Says Faith in God Triggered 'Lin-Sanity.' "

## Chapter 14

① Frank Isola, "Jeremy Lin leads NY Knicks to another victory with 23 points, 10 assists in 107–93 win over John Wall and Wizards," New York Daily News, February 9, 2012, and available at http://www.nydailynews.com/sports/basketball/knicks/jeremy-lin-leads-ny-knicks-victory-23-points-10-assists-107-93-win-john-wall-wizards-article-1.1019541

② Howard Beck, "Lin Leads Again as Knicks Win 3rd in a Row," The New York Times, February 8, 2012, 见于 http://www.nytimes.com/2012/02/09/sports/basketball/jeremy-lin-leads-knicks-again-107-93-over-wizards.html?scp=1&sq=lin-leads-again-as-knicks-win-3rd-in-a-row

③ Mason Levinson, "Jeremy Lin's Knicks Jersey From Lakers Win Auctions for $42,388," Bloomberg Businessweek, February 22, 2012, 见于 http://www.businessweek.com/news/2012-02-22/jeremy-lin-s-knicks-jersey-from-lakers-winauctions-for-42-388.html

## Chapter 15

① Tim Stelloh and Noah Rosenberg, "From the Pulpit and in the Pew, the Knicks' Lin Is a Welcome Inspiration," The New York Times, February 12, 2012, 见于 http://www.nytimes.com/2012/02/13/sports/basketball/from-thepulpit-and-in-the-pew-the-knicks-lin-is-a-welcome-inspiration.html

② Kevin Armstrong, "Jeremy Lin: The True Hollywood Story of the Knick Sensation Who's Taken Over New York In Less Than a Week," New York Daily News, February 11, 2012, 见于 http://www.nydailynews.com/sports/basketball/knicks/jeremy-lin-true-hollywood-story-knicksensation-york-a-week-article-1.1021119

③ "Jeremy Lin's Religious Pregame Ritual," thestar.com, February 13, 2012, 见于 http://www.thestar.com/sports/basketball/nba/article/1130493--video-jeremy-lin-sreligious-pregame-ritual

④ David Nakamura, "President Obama Catches Jeremy Lin Fever After Watching 'Lin-sanity' Highlights," Washington Post, February 15, 2012, 见于 http://www.washingtonpost.com/blogs/44/post/president-obamacatches-jeremy-lin-fever-after-watching-lin-sanity-highlights/2012/02/15/gIQA1oIxFR_blog.html

⑤ Jeff Zillgitt, "Jeremy Lin Scores 26, but Hornets Snap Knicks' Win Streak," USA Today, February 16, 2012, 见于 http://www.usatoday.com/sports/basketball/nba/story/2012-02-17/Jeremy-Lin-scores-26-but-Knicksstreak-ends/53138050/1

⑥ 名单取自 Josh Benjamin. "Ranking the Best Knicks Point Guards in Franchise History," bleacherreport.com, March 1, 2012, 见于 http://

bleacherreport.com/articles/1086355-ranking-the-best-knicks-point-guards-infranchise-history/page/2

## Chapter 16
① Howard Beck, "Lin's New Challenge: Media Onslaught at All-Star Weekend," The New York Times, February 24, 2012, 见于 http://www.nytimes.com/2012/02/25/sports/basketball/lins-new-challenge-media-onslaught-at-allstar-weekend.html

## Chapter 17
① Irv Soonachan, "Point of Attention: Rookie Jeremy Lin Has Proven He Can Play in the NBA," slamonline.com, April 5,2011, 见于 http://www.slamonline.com/online/nba/2011/04/point-of-attention/
② Keith Bradsher, "An Odd Game a Grandmother Can Appreciate," The New York Times, February 15, 2012, 见于 http://www.nytimes.com/2012/02/16/sports/basketball/jeremy-lins-grandmother-watches-along-withtaiwan.html

## Chapter 18
① Mike Vaccaro, "Lin Had Prayer Answered After First Knicks-Heat Matchup," New York Post, February 23, 2012, 见于 http://www.nypost.com/p/sports/knicks/lin_goes_from_pray_to_prey_5t1JmO0e1J5czHN10tMiLN
② Dan Duggan, "Always Believe-Lin," Boston Herald, February 17, 2012, 见于 http://bostonherald.com/sports/basketball/other_nba/view/20220217always_believe-lin_jeremy_lins_miracle_rise_a_story_of_faith_and_persistence
③ Kristen Mascia, "Tim Tebow & Jeremy Lin Connect Over Faith," People magazine, February 23, 2012, 见于 http://www.people.com/people/article/0,,20572929,00.html

故事馆。
GRACE

对于恩典，我们需要的不只是知识，还有故事。